기수련과 선

김성갑 지음

카르마 KARMA

기수련과 선 禪

운주사

🧘 머리글

수행의 첫걸음은 단전호흡과 정신통일이었다. 그러나 기氣의 감각은 좀체 나타나지 않았다. 오랜 시간을 투자한 후 마침내 단전에 이물감이 느껴지면서 수행에 박차를 가하게 되었다. 숨을 한없이 길게 들이마시고, 한없이 멈추고, 끝없이 길게 내뱉었다. 그러던 어느 날, 단전호흡을 지도하던 선배가 갑자기 병원으로 실려 갔다. 장폐색腸閉塞 진단을 받은 선배는 그 후로도 오랫동안 투병생활을 했다.

단전호흡의 방식에 문제가 있음을 알게 된 후로는 방법론에 보다 더 신중을 기했다. 그리하여 호흡은 자연스럽게 하고 숫자만 세면서 몰입하는 정신통일 방식을 택하게 되었다. 세월이 지난 후, 불경을 접하면서 수식관호흡의 수행법이 『안반수의경安般守意經』에도 있음을 알게 되었다.

그 길고 긴 시간과의 싸움에서 그래도 지지 않고 버틸 수 있었던 것은 새로운 세계에 대한 도전 때문이었다. 수파리守破理는, '지금까지의 전통을 지키고, 성취한 뒤에는 그 전통을 깬다. 그리고는 다시 새로운 법[理]을 만들어낸다.'는 검도劍道의 기본정신이다. 어릴 때부터 익힌 동양무술에서 외공의 기氣훈련은 생활 속에 묻어 있다. 특히 검도를 지도하신 스승님은 차력술을 겸비한 무술의 달인으로서 침술과 지압술 등 대체의학을 골고루 섭렵하신 분으로 필자가 지닌 한의학 지식의 근거지이다.

수식관의 단전호흡에서 의념의 기수련으로 바꾸게 된 것은 25년여 전, 기자 출신인 K선생의 지도 덕분이다. 그는 전국 각지에서 방문하는 수행자들의 백회를 열고 벽사문을 설치하는, 당시 기수련의 대가로 불리었다.

수행자들로 하여금 단전에 의식을 집중하여 기氣를 만들게 하여 임·독맥의 진로를 따라 주천을 유도하고 그 길이 완성되면 자신과 연결시킨다. 그리고 자신의 기운을 보내 백회를 열어 주었는데, 나는 그 광경을 그때 처음 접했다. 그 순간의 장면은 가히 신통술의 극치였다. 더구나 사기邪氣를 막는 벽사문의 설치는 점입가경의 경지였다(벽사문이 영적 장애를 일으키는 그 뒤의 이야기는 졸저에 이미 소개되어 있다).

그런데 함께 참석한 다른 사람들은 모두가 묵묵부답이었다. 그러한 영적 행위, 기를 보낸다거나 벽사문을 설치하는 장면들이 묘하게 내게만 보인다는 것은 신비한 일임에 틀림없었다. 그렇다고 내게 평소에 특별한 영적 능력이 있었던 것도 아니다. 특히나 무신론을 주장하는 부친의 종교관은 특별했다. 어린 시절 영적인 것에 대한 금기 교육은, 불교신자였던 할머니의 염주나 목탁 등 종교관계 소지품에 대해서도 절대 접근금지였다. 그리고 당시 가톨릭 신자로서 저자 본인의 자세 역시 영적 세계와는 거리가 멀었다.

돌이켜 생각하면, 그동안의 수행 결과물인 백회의 가동이 영적인 부분을 자극하지 않았을까 하는 생각이다. 평소 손바닥의 기감氣感과 백회의 스멀거림이 있었고 그 움직임이 느껴지다가, 어느 날 그림처럼 보이는 듯한 것이 전부였다. 그래서 지금껏 후학들에게 영안靈眼을 설명할 때 느낌이 보인다고 설하는데, 그 때의 경험을 말하는 것이다.

의념의 기수련으로 패턴을 바꾼 초기부터 영적으로 시달리기 시작했다. '왜 기수련은 남들과 마주치면(일반인이 아닌 종교인이거나 수행자들) 상대방의 빙의령이 전이되어 영적으로 괴로울까?' 지속적인 고통이 되풀이되면서 수행의 방법론을 떠올리게 되었다. 그 해답은 불경에 있었다. 바로 무심론이었다. 생각의 집중은 염력을 만들고 그 염력의 에너지가 빙의령 에너지와 연결된다는 것을 비로소 알게 되었다.

서구의 철학자들은 깊은 사색에서 지혜가 올 수 있음을 주장한다. '생각한다. 고로 나는 존재한다.'는 실존주의 철학자들의 주장이 현대과학의 발전에 공헌한 점은 부정할 수는 없다. 하지만 사색과 집중의 명상은 다르다. 그러나 현대인들은 사색과 명상을 같은 부류로 보는 것이 일반적 시각이다.

한편 불교의 선禪은 생각이 없는, 의식의 쉼에서 지혜가 올 수 있음을 설한다. 인간의 의식은 욕망에 근거를 둔 탓에 의식을 작동하지 않는 '의식의 쉼'은 곧 하늘의 이치와 연결됨을 의미한다. 따라서 지식과 지혜는 다르다.

지혜는 인간의 지식이 아니라 하늘의 이치다. 더구나 의념의 기 수련은 염력의 에너지를 만들어서 초능력으로 사용하는 탓에, 빙의령의 에너지 파장과 동일하여 영적인 고통이 언제나 따라 다니는 것이다.

선禪에서 굳이 방법론을 거론하며 무주無主와 무착無着, 그리고 무상無想을 강조하는 이유는, 의식의 집착은 심령계의 포로가 되어 영원히 영계를 벗어나지 못하기 때문이다. 수행에는 왕도가 없다. 지금 가는 길이 부처가 되는 길이라 굳게 믿고 있겠지만, 길을 잘못 들면 마귀의 하수인이 되는 길을 갈 수도 있음을 알아야 한다.

더구나 건강을 위해, 힐링을 위해 명상의 이름으로 의념수련이나 자기최면에 빠지지 말 것을 경고하고 싶다. 이것들은 환자의 심리치료를 위한 방법일 뿐이다. 건강한 사람이 심리치료요법을 실행한다는 것은 아프지 않은 사람이 미리 감기약을 복용하는 것과 다름이 없는 것이다. 명상은 하는 것이 중요한 게 아니라 어떤 방법으로 해야 하는지가 더 중요하다.

이 책이 나오기까지 일심으로 도와주신 본회 고문이신 정병성님, 그리고 교정을 도와주신 본회 법사님들의 노고에 감사의 말씀을 드리며, 아울러 졸저를 아껴주시는 애독자 여러분께 심심한 사의를 표합니다.

2015년 봄날
인사동 우거에서

1.

우주론

불교의 우주론에 따르면 세계는 '공간입자들'의 연속체에서 형성되었다고 한다. 그 입자들이 응축되어 변형된 것이 바로 우주를 이루는 지(地, 흙), 수(水, 물), 화(火, 불), 풍(風, 바람)이다. 이것들이 서로 모이면 물질이 되고, 이것들이 다시 흩어지면 공간입자들이 된다. 제행무상諸行無常이라, 우리 인간들의 삶이 그렇다. 이들은 인연으로 생겼다가 언젠가는 다시 인연으로 흩어진다.

기독교인들이 하나님을 야훼, 혹은 여호와라고 부르는 것도 우연은 아니다. 고대 히브리어에서 야훼라는 말은 이 네 원소(흙·물·

불·바람)의 첫 글자에서 나왔다. 고대 히브리의 신비가들에게 신
神 여호와는 이 네 원소의 지배자로 인식되었다.

과학은 물질의 구성요소를 흙·물·불·바람이 아닌 세포, 분자,
그리고 마지막 입자인 원자로 구분한다. 원자는 더 이상 쪼갤 수
없는 마지막 단위이다. 묘하게도 '원자atom'는 그리스어로 '분할
할 수 없는 것'을 의미한다.

현대물리학은 92개의 원소를 찾아내고 물질이 구성되는 과정인
각각의 결합 방법 등을 밝혀냈다. 물은 산소와 수소의 결합물이
며, 소금은 염소와 나트륨의 결정체인 것을 과학적으로 풀어냈
다. 이어서 원자의 구성요소인 핵과 전자의 성질을 발견했다. 전
자는 핵의 주위를 빛의 속도로 돌고 있음을 찾아냈으며, 각기 원
소에 따라 전자의 개수가 다름도 밝혀냈다. 따라서 원자와 원자
의 결합은 핵을 중심으로 회전하는 바깥 부분의 불완전한 전자끼
리의 유착으로, 이것이 물질을 만들어냄을 알아냈다. 물론 원소
중 6개는 완전한 전자들의 모임으로 물질로 변형되지 않는 것까
지 포함해서 밝혀냈다.

그리고 물질은 중력, 핵력, 전자기전, 질량의 네 가지 요소를 가지
고 있음을 밝혀냈다. 모든 물질은 위의 네 가지로 구성되어 있어,
그 중 특정한 원소의 핵분열은 원자력의 근간이 된다. 마찬가지

로 우리 인간의 육신도 물질적 차원으로는 모두 똑같은 원소들의 모임일 뿐이다. 따라서 인간은 오직 유일하게 의식을 가진 존재라는 점을 빼고는 생명을 가진 다른 모든 동식물과 같이 별의 탄생과 죽음의 잔해에서 나온 원소들의 집합체인 것이다.

기란 무엇인가?

기氣란 무엇인가? 기는 힌두교의 철학 특히 우파니샤드에서는 핵심 개념으로서, 생명의 근원인 프라나 혹은 에테르라고 지칭되는 거대한 우주창조의 에너지이다. 중국 도가道家에서도 무극에서 태극으로의 변환점에 기운氣運의 등장이 나타나는 것은 현대과학의 빅뱅이론과 맥을 같이 하는 듯하다.

이것을 다시 분류해본다면 천기天氣와 지기地氣, 그리고 현대문명이 발명한 에너지, 또 인간의 생각이 만들어내는 염력 등이 있다.

천기는 글자 그대로 하늘의 기운이다. 시작도 끝도 없는〔無始無終〕, 원래부터 있던 창조의 에너지로 땅의 기운인 지기의 원천이다. 다시 말해 천기는 생명의 에너지이다.

동식물을 포함해서 생명이 있는 곳에는 기의 움직임, 기운의 '오라'를 발견할 수 있다. 1939년 러시아의 전기기사 세미온 키를리

안Semyon Kirlian이 개발한 '오라 카메라(키를리안 사진기)'는 동물은 물론 식물의 잎에 펼쳐져 있는 오라도 사진으로 담을 수 있어기의 존재를 확인시켜 주는 과학적 개가를 이루었다.

지기는 땅의 기운이다. 우리가 먹는 음식물의 원동력으로 태양과 함께 물, 공기, 흙으로 구성되는 현상계의 대표에너지이다.

어떤 특정장소는 다른 곳보다 지기가 더 강한데, 그곳은 유별나게 자기장이 많이 흐르는 것을 발견할 수가 있다. 특히 지구에너지 그리드라고 표현되는 특별한 장소는 유독 자기장의 파장이 강하다. 영국의 스톤헨지, 미국의 그랜드캐니언 근교의 메스나 등에서도 강한 자기장의 출현을 감지할 수 있다. 국내에서는 명산대찰이 그 대표적인 장소인데 대구 팔공산의 갓바위, 강화도의 마니산 등은 입시철 기도처로 유명하다.

또 현대문명이 만들어내는 과학적 에너지인 전력과 원자력은 에너지의 대명사라 할 수 있다. 그리고 지금 우리가 다루고자 하는 또 다른 에너지인 인간의 생각만으로 만들어 낼 수 있는 염력念力의 파장이 있다. 이를 이용해 현 과학계가 연구하고 있는, 두뇌의 생각으로 로봇을 움직이는 에너지의 파장 실험은 거의 실용단계에 와 있다.

그러나 종교나 신비주의자들은 인간의 생각만으로 초능력을 구사할 수 있음을 이미 수천 년 전부터 확신하고 있었다. 염력의 강한 파장은 작게는 불치병 치료의 수단으로, 크게는 신神과의 교감과 계시로 전해져 인류구원의 종교로까지 자리매김한 것이다. 그렇다면 단지 생각만으로 어떻게 에너지를 만들 수가 있을까? 혹자는 종교가나 신비주의자들을 떠올릴 수 있지만 굳이 종교나 무속의 힘이 아니더라도 일반적 생각만으로도 에너지는 만들어진다. 물론 그렇게 되기 위해서는 오랜 시간의 집중과 정신통일이 필요하다.

집중의 미스터리

우리는 눈으로, 혹은 오감으로 물건을 감지할 수 있다. 이것이 현상계의 특징이다. 하지만 과학자들은 '왜 오감으로 물질을 감지할 수 있을까?'라고 하는 의문점에서 연구를 시작한다. 결론은 질량이다. 물질은 중력, 핵력, 전자기장, 질량으로 구성되어 있다. 아무리 뛰어나게 오감이 발달한 사람이나 특별한 현대식 기기라 해도 질량이 없는 물질은 감지할 수가 없다.

그럼 질량이란 무엇인가? 그 의문을 풀기 전에 물질의 구성요소들을 점검할 필요가 있다. 중력은 우리가 익히 아는 '뉴턴의 사과'처럼 서로가 서로를 끌어당기는 힘이다. 핵력은 태양의 구성체로써 연속적인 핵융합에 의해 엄청난 태양광이 만들어진다. 원자력발전소나 핵폭탄은 핵분열을 조장하는 시스템이다. 전자기장은 도시를 밝히는 전기를 대표적 산물로 이해하면 된다. 마지막으로 질량이 미스터리이다. 물질을 둘러싸고 있는 질량은 그 존재 자체가 아직 발견되지 않은 과학계의 미스터리이다.

스위스 제네바 근방의 연구소에서는 물질이 생기는 과정을 재현하는 실험이 한창이다. '강입자충돌기'는 입자 가속 및 충돌기로서, 우주 최초의 사건인 빅뱅을 재현할 계획으로 만들어졌으며, 실제 광속의 속도로 두 원자를 부딪치는 실험을 계속하고 있다. 빛의 속도로 원자들의 충돌을 유도하면 우주 초기의 빅뱅과 같은 상황을 연출할 수 있다고 과학자들은 설명한다.

이것은 마치 여러 가지의 동전으로 가득 찬 돼지저금통을 땅에 떨어뜨리는 실험과 같다. 땅에 떨어진 돼지저금통은 박살이 나고, 그 내용물은 산산이 흩어질 것이다. 동전의 크기에 따라 흩어지는 반경은 각기 다르다. 무거운 500원짜리 동전은 가까이에, 가벼운 10원짜리 동전은 멀리 굴러갈 것이다. 또 떨어지는 높이나 힘의 변화에 따라 흩어지는 반경은 각기 그 시점마다 다를 것이다.

동전들의 크기나 모양새를 연구하듯이, 강입자들의 충돌 시에 발생하는 부산물 가운데서 중력·핵력·전자기장·질량의 결과물을 분석하면 에너지의 생성원인과 물질의 핵심 구성인자, 질량을 발견할 수 있고 또 우주의 비밀을 밝힐 수 있을 것이라는 게 그들의 생각이다. 미스터리한 우주의 비밀을 밝히기 위해서는 과학계의 천문학적인 투자와 시간과 노력이 요구되는 것 같다.

하지만 다른 시각으로 유추해보면 질량이 없는 반물질에너지가 존재한다는 사실이다. 그것이 반물질이든, 영혼이든 눈에 보이지 않는 에너지가 우주를 지탱하는 데 한 몫을 차지하고 있다는 것이 새로운 우주과학의 이론이다.

그러나 인간 의식은 그러한 과학적인 기기가 아니라도 집중의 시간만으로 초자연적인 힘을 만들 수 있다. 염력은 생각을 통해서 얻어지는 집중의 초자연적 에너지이다. 기도나 염불도 일념으로 하는 종교적 부분을 제하고 나면 오로지 정신통일뿐이다. '정신일도精神一到 하사불성何事不成'이란 말처럼, 정신통일은 우리가 원하는 것은 무엇이든 가능하게 만드는 힘을 만들어낸다고 하여 오래 전부터 전해 내려오고 있다.

물론 하루아침에 목표를 만들어내는 것은 아니지만 오랜 시간 집중의 결과물로 이미 알려진 사실이다. 그러한 염력은 서양에서는 성공한 미래의 모습을 그리는 이미지요법으로, 마음의 병을 치료하는 심리치료의 요법으로, 신비주의자들에게는 무한한 가능성을 내포한 '기의 파장'으로 전해 내려오는 초자연적 힘이다.

그러나 초자연적 에너지라고 해서 모두 동일한 것은 아니다. 다시 말해 수평적 에너지의 공간이 아니라 그 등급이 각기 나누어진다. 심령계인 4차원 기운의 공간이 있는가 하면 또 다른 고차원이 존재하는 5차원 법신계의 공간이 존재한다. 특히 이곳은 기운이 아닌 법력의 공간으로 깨달음과 연결되어 있는 세계이다.

염력의 파장, 염파체

기수련자들이 환자의 건강상태를 점검할 수 있는 것은 인체 경혈의 막힘을 파장으로 알 수 있기 때문이다. 이처럼 기혈의 흐름에도 파장이 있고, 우리의 생각에도 염력의 파장이 존재한다. 생각과 감정으로부터 만들어지는 염력은 욕망이 개입되면서 강렬한 파장으로 바뀐다. 특히 원혼冤魂들의 파장은 시간과 비례되면서 고정화된 형상으로 자리 잡아 염력의 집단파장체가 형성된다. 이것을 염파체念波體라 한다.

예컨대 유별나게 교통사고가 자주 발생하는 지점에는 이유가 있다. 지리적으로 커브길이거나 혹은 내리막길인 경우가 대부분이지만 그렇지 않으면서도 유독 사고 다발 지역이 있다. 그런 장소에는 자기장의 파장이 아주 강한 에너지의 기운이 감지된다. 혹자는 수맥을 운운하지만 그에 앞서 어떤 원혼들이 만들어내는 에너지 파장인 염파체의 집단이 모여 있는 경우가 있다.

경험이 많은 고급수행자들은 그림이나 서예, 도자기 등 예술성을 지닌 수준 높은 작품에서 염파체를 감지하여 작가의 심리상태나 건강상태를 체크할 수 있다. 또 오랫동안 소장하면서 손때가 묻은 소장품에 담긴 소유주의 의식에 주파수를 맞출 수 있어 그 물건에 붙어 있는 모든 염파체와 접촉할 수 있다.
만일 여러분이 심안이 열린 투시가라면 사람들로부터 나오는 온갖 형상의 염파체들을 볼 수 있을 것이다. 예를 들면 기법이나 주술 등으로 정신집중에 몰입하는 사도邪道의 수행자들이나 사이비 종교인들에게서, 다양한 크기와 갖가지 색깔을 가진 뱀 및 영장류의 형상을 한 그 염파체들을 볼 수 있다. 특히 깊은 산중에 은거하며 기도하는 스님들의 어깨에서 대호大虎의 빙의령을 목격할 수 있다.

미국의 심리학자인 J. R. 버캐넌Buchanan이 주장하는 사이코메트리psychometry는 어떤 물건에 닿거나 다가감으로써 그 소유자에 대한 사정을 꿰뚫을 수 있는 초능력인데, 한 실험결과에 의하면 남자의 경우 10명 중 1명, 여자는 4명 중 1명이 이 능력을 보유하고 있다고 한다. 하지만 기 수련자들은 어느 정도의 수준에 도달하면 이 같은 초능력을 쉽게 발휘할 수 있게 된다.

하지만 이 같은 심령능력이 목적이 되면 빙의나 접신이 될 소지가 다분하다. 이런 의식의 각성은 초능력을 선사하지만 정법의 명상수행과는 달리 영적 세계의 포로가 될 수 있음을 경고하고 싶다.

일반의 초보수행자는 심령능력을 얻기 위한 방편으로 잠재의식을 가지고 실험하지 말아야 한다. 그런 실험을 통한 영적 세계의 동경보다는 잠재의식 속에 있는 욕망의 그늘을 떨어내고, 마음을 내려놓는 영적 의식개발이 먼저 중요하다. 심령능력은 오직 구도求道의 목적으로 사용할 수 있는 고급수행자들의 몫이며, 반드시 그 힘을 통제할 수 있어야만 한다.

🧘 신비주의에 대한 소고小考

1침針, 2구灸, 3약藥, 4푸닥거리는 한의학의 전래처방이다. 푸닥거리란 무속 행위를 말한다. 의학이 발달하지 못한 고대사회에서 무당은 의사이며, 심령술사이며, 철학자이기도 했다. 만일 그가 시베리아나 네팔, 또는 아프리카의 한 마을에 살았다면 인류학자들은 아마도 그를 샤먼이라고 말했을 것이다. 또 만일 그가 멕시코인 또는 페루인으로 태어났다면 그는 분명히 쿠란데로 curandero라는 칭호를 얻었을 것이며, 인도인이나 티베트인이었다면 요기Yogi나 라마Lama로 존경받았을 것이다.

사람들은 통상적인 의술이나 약물의 효능에 더 이상 기댈 수 없게 된 후에는 기氣치료나 주술 등을 통해서라도 온갖 신체적·심리적 장애에 시달리는 몸과 영혼을 치유해보려고 한다. 현대인의 관점에서는 비과학적인 사건에 귀 기울일 사람은 흔치 않을 것이다. 하지만 조금만 관심을 기울이면 가볍게 넘겨버릴 수 없는 무엇인가가 있을지도 모른다는 것을 어렴풋이 깨닫게 될지도 모른다.

현대의 첨단과학이 말하는 우주에 관한 정보는 새로운 비밀이 밝혀지면 밝혀질수록 우리의 인식이 매우 제한적이라는 사실을 알게 된다. 더구나 영적인 일에 관해서 우리는 그 한계 밖에 있는 것은 무엇이든 형이상학적으로 보려는 경향이 있고, 그것을 과학과 이성의 영역을 초월해 있는 어떤 것으로 정의한다.

그렇게 마음속의 분류를 끝내면 그런 딱지가 붙은 것들은 의식적으로든 무의식적으로든 거부하기가 쉽다. 그러고 나면 그것을 비현실적인 것으로 생각하거나 기껏해야 인간이 이해할 수 없는 비과학적인 것으로만 치부해버린다. 요컨대 '골치 아픈 것은 싫다', '내가 모르는 진실은 그 어떤 것도 진실이 아니다'라는 식이다. 일반적으로 우리는 보고, 듣고, 느끼고, 맛보고, 냄새 맡는 것, 즉 오감을 통해서 받아들일 수 있는 것만을 자연스럽게 당연시한다. 하지만 신비가들이나 그들에게 동조하는 몇몇 과학자들이 주장하는 초감각이 실제로 우리에게 주어진다면 어떤 반응들이 나올까? 또, 이 초감각을 개발시켜서 그 세계를 보다 심층적으로 이해하는 데 사용한다면 어떤 결과를 가져올지 한편으로는 기대가 되기도 한다.

우리 인간은 의식이 없는 상태의 동물로부터 차츰 미신과 원시적 마법에 의존한 수준에 이르도록 의식이 진화 발달했으며, 마침내 20세기의 과학적 사고능력에 다다르게 되었다. 하지만 오늘날 기계론적 과학을 대동하더라도 의식의 발달이 그 최후의 목적지에 도달했다는 논리적 근거는 아직 없다. 따라서 이 세상에 형이상학적이고 초자연적인 것이 사실은 아무것도 없을 수도 있다. 어떤 현상과 능력을 형이상학적으로 분류하는 것은 우리 인식의 한계 때문이다. 만약 우리의 인식이 반대로 작용했다면 아마 비의학적인 치유나 심령능력 등을 자연스럽고 정상적으로 여길 수도 있었을 것이다.

동서고금의 위대한 신비가들이 우리에게 말해온 바와 같이 인류가 도달해야 할 이상적이고 초과학적인 단계들이 아직 남아 있을지 모른다. 또한 존재의 영적 차원으로 이어지는 영역들에 관심을 가지는 심리학의 새로운 개척분야에서는 연구가 활발히 진행되고 있다. 특히 인간이 가지는 의식분야에서 자아의 본성을 더 깊고 폭넓게 체험하거나 혹은 타인, 자연, 영지靈知 차원들과 더 긴밀한 느낌을 갖게 되는 의식 상태나 과정에 대해 연구하는 심리학분야에 더욱 관심을 가지게 된다.

그런 사실은 실증주의적인 선입견을 재검토할 수 있는 계기가 된다. 그 같은 능력이 실제로 있을 수 있고 그 능력이 실질적이고 정상적일 뿐만 아니라 우리 인간계의 발생적인 유산일 수도 있다는 결론에 도달할 수 있을 것이다. 그러한 능력이 일반적으로 보통의 인간영혼 안에서는 휴면 중이지만 정신수행을 통해서 맑음을 얻으면 발현된다는 사실에 주목할 필요가 있다.

이처럼 우리가 관심을 두고 있는 문제와 본질이 서로의 견해와 극적으로 다른 상황에서는 자신의 견해가 아무리 과학적이라 하더라도 그것을 강요하는 것은 현명하지 못하다. 우리의 선입관과 한계를 강요치 않고 조심하며, 오히려 우리의 관심사항인 초자연적 문제들에 대해 신비가인 그들이 자신의 언어와 이해의 범주 안에서 설명할 수 있도록 기회를 주어야 할 것이다.

영혼은 존재하는가?

죽음 앞에서는 육체와 또 다른 영체靈體가 있음을 누구나 인정하게 될 것이다. 방금까지 살아 숨 쉬던 육체가 싸늘하게 식어 가면 우리는 영혼이 육체를 떠났음을 인정하게 된다. 인간은 단 하나의 신체, 육신만 가지고 있는 것이 아니라 영혼을 공유하고 있으며 또 다른 고급영혼인 법신이 존재한다. 신체가 큰 사람이 있으면 작은 사람이 있듯이 영혼이 맑은 사람이 있으면 그렇지 못한 사람이 있다. 그래서 영혼 안에 깃든 또 다른 맑은 영혼을 법신이라고 한다.

육체는 물질계라 눈에 보이지만 다른 두 개의 몸은 눈에 보이지 않는 혼령이다. 다시 말하면 영통체靈通體와 신통체神通體이다. 어린아이가 나이에 걸맞지 않게 하는 행동이나 능력을 보고 어른들은 '신통하다'며 감탄한다. 또 무속인이 영통靈通했다며 '과거를 맞추고 앞일을 예견한다.'고 골목어귀에 붙이는 광고문을 보면 심령계와 법신계는 육신 속의 각기 다른 에너지 파장의 세계를 설명하는 것 같다.

육체의 파장은 영혼의 파장에 비해 거칠다. 거친 파장의 육체는

3차원 세계에 존재하고, 겉모습은 없지만 에너지만으로 존재하는 영혼의 파장은 심령계로 4차원의 세계이다. 또 신神의 성품을 지닌 법신계는 시간과 공간을 초월한 5차원의 세계에 존재한다. 법신은 원래부터 있는 것으로 진여眞如, 불생불멸의 자리라고 설명하지만 여기서는 법신을 수행을 통해 얻어지는 영혼의 점수로 재해석하며 수행자들의 최종목적지라고 설명한다.

이들은 세 개의 몸이지만 하나로서, 함께 현재의 나를 구성하고 있다. 이 세 개의 몸은 각각의 몸에 상응하는 기운의 파장에 의해서 연결되어 있는데, 불교의 윤회설이 그 해답이다. 지난 생의 복덕과 공덕이 기록된 세포는 육체와 영혼을 구성하고, 그 영혼의 점수는 현재의 인격과 지위를 대변한다. 기운은 서로의 관계를 이어주는 가교로써 각각의 몸에 스며들어서 그것들의 활력을 유지시켜 주는 에너지 장이다.

현대과학은 물질이 눈에 보이는 이유를 질량이 있기 때문이라고 한다. 질량은 물질의 구성요소인 중력, 핵력, 전자기전 등의 4대 요소 중에서 유일하게 눈에 보이는 현상계의 특성으로 공간의 제약을 받는다. 우연의 일치인지, 성경은 에덴동산에서 쫓겨나는 아담과 이브에게 "짐승 가죽을 선사하였다."며 현상계의 특징인 눈에 보이는 질량(껍질)의 부분적 이야기를 남기고 있다.

그러나 심령체는 질량이 사라진 에너지만으로 존재하는 영적인 세계이다. 육신과 다르게 공간의 제약이 없는 에너지로써, 내 몸 안에 있는가 하면 또 다른 바깥의 세계에도 존재한다. 죽음은 육신의 소멸을 의미한다. 이것이 곧 질량의 사라짐이다. 만약 질량이 없다면 에너지만으로 존재하는 영혼의 모습으로 변한다.

그럼 영혼은 어떻게 되는 것일까? 영혼의 현재 모습을 기독교에서는 연옥영혼이라고 했으며, 불교에서는 중음신이라고 부른다. 그러면 우리는 이곳에서 의문을 제기하지 않을 수 없다. 육신에 세 개의 몸이 존재한다는 것에 동의를 한다고 하자. 육신의 옷을 벗으면 자연적으로 심령계로 간다고 하니 그렇다 치고, 그 다음 법신계로 진입하는 과정은 어떻게 진행되는가를 묻지 않을 수 없다.

법신法身은 '원래부터 있는 진리의 몸'을 의미하지만 우리는 여기에서 법신을 다른 말로 표현한다. 곧 영혼의 점수이다. 수능시험에서 받은 성적표가 대입(대학교 입학)의 선택을 확보하듯 영혼의 최고 맑음의 자리가 법신인 것이다. 법신체는 깨달음으로 가는 길목으로 신의 성품을 지닌 창조주의 역할을 대신하고 있다.

수행이란 것은 깨달음의 언저리에 도달하기 위해서 '육신 속의 거친 에너지 파장'의 밀도를 고급스럽게 만드는 고난도의 작업인지도 모른다. 육체의 거친 에너지 파장의 밀도를 정신통일로 순화시켜서 심령계의 영적 파장의 장애를 벗어나, 마침내 우주 창조의 힘인 최고급파장으로 전환시키는 과정인 것이다.

따라서 정신수양은 영혼의 맑음을 먼저 얻음으로써, 그 맑음이 영적인 세계를 제압하고 지배함으로써, 지난 삶의 자국인 카르마 karma를 소멸한 후 마침내 얻어지는 법신의 에너지인 법력의 파장을 만들어 가는 과정이다.

차크라와 쿤달리니

요가yoga는 힌두교의 영향을 받은 인도의 전통적 명상수행법이다. 스트레칭의 대명사인 아사나(체조)와 명상을 토대로 이루어진 양생법으로, 우주의 기운 프라나prana의 운용에서 깨달음을 얻을 수 있다고 전한다. 하지만 우리가 익히 알고 있는 불교수행법인 공空과 제법무아諸法無我와는 대조를 이루고 기수련에 가까운 수행법이다.

차크라chakra는 산스크리트어로 회전하는 '바퀴'라는 뜻이며, 프라나(prana, 氣)의 집결체라고 할 수 있다. 차크라는 인체의 내분비계와 직접 관련된 모두 7개의 부분으로 구성되어 있는 신경부위로, 기운의 회전하는 에너지의 중심지점이다. 이곳은 에너지를 받아 확장 증폭시키고 전달하는 기능을 담당한다. 또한 교감신경계·부교감신경계 및 자율신경계와도 상호관계를 맺고 있으며, 우리의 온몸 구석구석과 긴밀하게 연결되고 있다.

쿤달리니kundalini는 밀교 계통의 요가에서 주장하는 것으로, '우리는 누구나 부처가 될 수 있는 불성을 가지고 있다.'는 불성佛性과 같은 것으로 모든 사람에게 내재한다고 믿어지는 우주의 기이다. 라자 요가Raja yoga는 척추 아래에 똬리를 틀고 있는 뱀으로 묘사되는 쿤달리니를 깨우는 전문적인 수련을 교육 받는다. 쿤달리니를 깨운 숙련된 요기는 인도의 유명 신 중 하나인 샥티 신(산스크리트어로는 शक्ति Śakti, 영어로는 Shakti 神)과 동일시되기도 한다. 정해진 자세, 호흡의 훈련 등을 포함한 일련의 기술을 통해 수련자는 쿤달리니를 척추를 따라 머리끝까지 끌어올린다.

이 에너지는 회음부인 제1 무라다라 차크라에 고요히 잠들어 있다. 요가의 궁극적 목표는 이 뱀을 깨워 저급의 프라나를 고급파장으로 확장시키면서 점차 상승하게 하는 것이다. 정진精進의 시간이 쌓이면 쿤달리니는 회음부에서 위로 상승하면서 프라나의 파장의 밀도를 고급화시켜 각 차크라를 깨운다.

회음부인 제1 무라다라 차크라에서 시작하여 배꼽을 지나, 가슴 중심부의 제4 아나하타 차크라를 깨우며, 마지막으로 정수리에 있는 제7 사하스라라 차크라(백회)에 이르러 궁극적 여행이 끝난다. 쿤달리니가 정수리에 있는 마지막 일곱 번째 차크라에 도달하면 수련자는 우주의 영원한 본질인 '아트만'과의 결합으로 표현되는 신비스러운 기쁨을 체험한다.

쿤달리니가 깨어나 상승하는 과정에서 신비한 경험들이 일어나며 때로는 초능력들이 생기기도 한다. 그래서 요가 수행자들은 쿤달리니를 깨워 프라나의 파장을 높이면서, 수준 높은 차크라를 활성화시키는 일에 전력을 경주한다. 특히 요가 수행자들은 제7 사하스라라 차크라의 핵심인 정수리 백회혈까지 쿤달리니가 올라가야만 비로소 깨달음을 얻는다고 말하고 있다.

 ## 상·중·하 단전에 꽃이 피다

인도의 요가는 3,000년의 역사와 전통을 가진 수행법이다. 경혈 이론의 태두인 중국 고대의 의서인 『황제내경黃帝內經』은 학자에 따라 기록연대가 각기 다르다. 지금으로부터 약 1,500년 전 후한시대의 저서로 알려져 있지만 어떤 학자들은 5,000년 전 우리나라 한단시대의 영향 아래에 저술되었다고 주장하고 있다. 요가수행법에 우리나라의 선도수련과 맥을 같이 하는 모양새가 일정 부분 남아 있다. 그렇다면 요가수련법이 우리의 반만년 전 선도수련법을 모방했을 가능성도 엿보인다.

여기서는 역사적 사실은 일단 뒤로 미루고 다시 차크라로 눈을 돌려보자. 차크라의 일곱 부위는 선도수련의 상·중·하 단전의 3단계로 구분하여 나눈 위치와 비슷하다. 그 중 대표적인 제7 차크라는 백회혈의 위치와 동일하다. 제7 사하스라라 차크라는 정수리의 끝부분인 두정에 위치하며 안으로는 두 개의 뇌엽과 소뇌 사이 두뇌의 중심부에 서로 이웃하여 있다고 설정되어 있다.

두뇌의 차크라의 개발은 특별한 비법이 따로 없다. 정신집중과 무위법만으로 수행함으로써 이룰 수 있다. 하지만 그것을 일부러 개발하지 않았는데도 불구하고 열려 있는 사람도 간혹 있다. 이것은 전생의 과위果位로써 선지식을 만나면 곧바로 고급수행자로 거듭날 수가 있다. 때로는 이것이 더 바람직한 방법일 수도 있지만 누구나 해당되는 것은 아니다. 따라서 그런 것이 존재한다는 사실조차 모르고 그것을 열고 개발시키려고 일부러 애쓰지 않고 다만 인격과 이성과 관찰력과 자기규율로써 이 기운의 원형을 발달시킨 사람들이 간혹 있다. 대통령 후보 중에서 대부분 차크라가 가동되지만 그 중 최고의 선택자는 가장 뛰어나게 발달된 후보일 것이다.

선도수련에서는 백회의 6단계 개혈은 두뇌 속의 통로인 충맥(기경팔맥 중 하나)과 연결된다. 수행이 정점으로 치닫는 고급수행자는 하늘의 기운과 연결되면서 기운의 소용돌이가 힘차게 연결되고 있다. 소용돌이의 강도가 높아지면 우주의 블랙홀black hole의 문양처럼 規竅가 만들어진다. 물론 아랫배의 하단전에는 이미 만들어진 規竅와 동일하게, 그리고 가슴의 중단전에 기운의 소용돌이가 기운의 터널을 만든 직후에 비로소 상단전의 두뇌혈에 블랙홀의 터널이 형성된다. 하단전의 발달에서 중단전, 그리고 상단전으로 점차 범위를 넓히는 과정을 설명하고 있다. 투시능력이 있는 고급수행자는 이 모든 것을 관찰할 수 있다.

상단전인 두뇌의 백회혈은 머리에 소용돌이 원형에서 점차 진정 국면으로 전환하면서 박하 향처럼 시원함과 상쾌함을 드러내며 지난 생生의 카르마를 녹이는 야전사령부로서의 역할을 담당하게 된다. 수행이 깊어진 어느 날, 아랫배의 하단전에서 묘한 움직임이 감지된다. '뭘까?' 하며 관觀이 이루어지는 순간 많은 잎을 가진 초록색 난蘭이 기세 좋게 잎을 바깥으로 내뻗으며 기운의 막을 형성한다.

꽃잎의 출현! 이윽고 가슴중앙의 중단전의 움직임도 심상치 않다. 막힌 곳이 터지듯 시원함이 밀려오면서 좀 더 옅은 초록색의 무수한 잎을 중단전에서도 기세 좋게 펼치고 있다. 아랫배의 하단전의 꽃잎은 난초 잎이 기세 좋게 밖으로 분출되면서 기용을 자랑하고, 가슴중앙의 중단전은 그보다 많은 난초 잎으로 기운의 소용돌이를 대신한다.

두 눈 사이, 코가 끝나는 지점에서 전발제(앞머리가 나는 지점)를 포함하여 이마 중심부에 있는 인당(천목혈)은 무수한 난초 잎의 교차로가 형성되면서 사방 연속무늬의 회전감으로 모든 색깔을 찬란히 드러낸다. 무수한 꽃잎을 가진, 회전하는 꽃처럼 보인다.

두뇌의 고급경혈 중 대표 격인 백회혈은 일반적으로 두정의 한가운데에 위치한다고 간단히 설명하지만 그 범위는 두뇌 전체에 영향을 준다. 백회의 기능은 지난 생의 잔류에너지인 업장을 녹여 내보내는 역할을 주로 하고 업장소멸이 일정부분 마무리되면 이마 앞쪽의 인당혈로 자리를 바꿔가면서 안으로는 업장소멸을, 밖으로는 광명으로 주위를 다스린다.

백회혈(제7 차크라)을 여는 것이 모든 수행자의 1단계 목표점으로 투시능력이나 기타의 초능력, 그리고 심령계나 법신계의 능력을 개발하기 위한 선행조건이 된다. 백회의 개혈은 한번으로 마무리되는 것이 아니고 두뇌 깊숙이 6단계의 통로로 열리는데, 그때마다 지난 생의 카르마의 소멸이 항시 뒤따른다.

기수련

정신집중만으로 에너지를 모을 수 있고, 그것을 운용할 수 있다는 것은 우리가 지금까지 알고 있는 과학적 논리와는 별도이다. 논리가 때로는 우리를 혼란에 빠뜨릴 수도 있다. 논리에 집착하면 관념이 고정화되어 멀리 확장될 수가 없다.

논리라는 것은 특정한 시대와 장소에서 성행하고 있는, 어떤 판에 박은 사고방식 이외에는 아무것도 아닐 수 있다. 지동설이나 진화론이 좋은 예가 된다. 지금 우리의 관심사는 눈에 보이지는 않지만 실제로 존재하는 에너지의 파장을 실감하는 초자연적 현상에 대한 경험이다.

기수련에 참가한 수행자들은 본인이 직접 경험하면서도 자신의 능력이 진짜인지 의아해 하는 사람들이 대부분이다. 특히 수맥을 찾는 데 사용하는 도구의 하나인 진동 추, 곧 펜듈럼pendulum 모임에 참가한 사람들은 생각만으로 움직이고 회전하는 펜듈럼의 신비함에 흠뻑 빠지게 된다. 그래서 이러한 펜듈럼의 움직임을 두고 가끔은 마술사들이 매직(magic, 마술)이란 이름으로 설명하기도 한다. 그러나 그것은 마술이 아니라 염력의 파장일 따름이다.

기수련은 오랜 시간을 투자하지 않고 잠깐 동안에 자력감을 느낄수 있도록 훈련하는 수련법이다. 양 손바닥을 펴고 마주하여, '열었다 닫았다'를 가만히 반복하면 손바닥에 조용한 자력감이 펼쳐진다. 이러한 반복훈련은 굳이 수행修行 전에 의무적으로 실행치 않아도, 어느 날 명상 중에 자연스럽게 손바닥으로 전해지면서 파장이 강해진다. 그리고 자력감은 어느새 뜨거우면서도 기분 좋은 열감으로 변하면서 항시 머문다.

정신집중을 수행의 이름으로 전환하면 언제나 약한 전류의 흐름과 같은 에너지의 파장을 손바닥에서 가만히 느낄 수 있다. 이것을 자력, 기운, 에테르(ether, Äther), 프라나 혹은 종교적 차원으로는 신의 입김, 더 나아가 성령이나 법력으로도 부를 수 있다. 한의학의 경혈이론은 기의 흐름을 추구하는 학문이다. 이처럼 경혈이론은 손바닥 중앙의 노궁혈에서 조용히 시작되어 몸 전체로 범위를 넓힌다.

중국의 기공

도가의 양생법은 불로장생이 목표이다. 그 중 독보적인 기수련은 한의학의 경혈이론을 중심으로 해서 자기최면, 일명 의념수련으로 진행된다. 수행의 과정을 소주천과 대주천의 두 단계로 나누어, 의식의 공간 속에서 기운의 파장을 세밀하고도 광범하게 확장시키는 수행법이다.

소주천은 인체의 전면부인 임맥과 후면부의 독맥을 유통시키는 일생일대의 공부로써 임·독맥에 소속된 모든 경혈이 열려야만 비로소 가능하다. 반드시 하복부의 단전에 축기가 되어야 한다.

축기란 기운의 밀집현상으로 '숨을 길게 들이마셔 단전에 모으고, 오랫동안 멈추고, 또 길게 내뱉는' 과정에서 나타나는 하복부의 태양신경총, 단전의 발달이다. 기운을 모으면 그것을 다시 실타래를 짓듯 의념으로 뭉친다.

마침내 단전에 이물감이 느껴지면 의식을 동원하여 그 기운을 시계방향으로 강하게 회전시켜 수렴하고 다시 역방향으로 풀면서 열감을 만들어낸다. 이때 기운의 회오리가 생기면서 블랙홀 같은 規窺가 나타나기도 한다.

또 손바닥 위에 뜨거운 물체가 있다고 가정하고 강한 의념으로 뜨겁다고 상상하면서 그림을 그리듯이 심상화시킨다. 혹은 배꼽 반대쪽에 명문혈로 기운이 들어온다는 상상을 심상화시킨다. 코로 숨을 들이마시듯 명문혈로 우주의 기운을 빨아들이면서 실타래를 짓듯 기운을 똘똘 말아 단전에 축기를 완성한다.

집중의 염력과 강한 호흡으로 기를 단전에 모을 수 있고, 또는 손바닥 위에 뜨거운 불덩어리가 있다고 상상하는 심상화로 기운을 일으켜 축기를 완성하면 회음부로 기운을 밀어내면서 마침내 화거火車가 시작된다. 임·독맥의 유통인 소주천의 개시이다.

인체 전면부의 임맥은 회음부의 회음혈에서 시작하여 아랫입술 밑의 승장혈에 이르는 24혈로 되어 있으며, 후면부의 독맥은 항문과 미골단의 장강혈에서 시작하여 인체의 후면부를 지나 두정의 백회혈·코밑의 인중혈·윗입술의 태단혈·윗잇몸의 은교혈에 이르는 28혈로 이루어져 있다.

하지만 단丹을 만들기 위해서는 경혈이론과 반대로 주천을 유도한다. 먼저 단전호흡을 통해 하복부의 단전에 의식을 두고 기운을 모은다. 이것을 시계방향으로 회전시키는 것을 36회 수렴하고, 반대방향으로 회전시키는 쉼 없는 의념수련으로 마침내 축기가 완성된다. 축기가 되면 아랫배의 뜨거운 열감과 함께 허리의 명문혈에서 따뜻함이 전해진다. 이때가 주천의 기회이다.

음맥陰脈인 임맥은 아래에서 위로 올라가고, 양맥陽脈인 독맥은 위에서 아래로 내려온다. 하지만 단전의 기운을 회음으로 밀어내어 항문 위쪽의 장강혈로 이어지면, 등의 척추를 따라 이동하면서 뒷머리에서 이마 앞쪽으로 한 바퀴를 돌아 다시 단전으로 되돌아오는 회전의 연속이다.

그러면 어떻게 주천을 유도하는 것일까?

맨 먼저 단전의 기운을 회음부로 밀어낸다는 강한 의식을 동원하면서 회음혈을 관하고, 이어서 독맥의 기단혈인 장강으로 이동하면서 관하고, 다시 등의 척추를 따라 의식을 동원하여 기운을 심상화시킨다. 이러한 기운의 열감이 수행의 진척에 따라 독맥을 역방향으로 타고 흐름을 유도하면서 주천周天이 시작된다. 편의상 감흥이 빠르게 나타나고 경혈의 위치를 쉽게 찾을 수 있는 경혈점을 다음의 〈그림〉으로 대신한다.

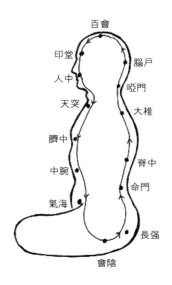

百會
印堂
腦戶
人中
啞門
天突
大椎
臍中
脊中
中脘
命門
氣海
長强
會陰

🧘 의념수련

의념수련은 타인 최면의 암시와 달리, 어떤 특수한 목적을 위해
본인이 의식적으로 일으킨 염력을 통해 기운을 만드는 행위이
다. 생각만으로 에너지 파장을 만들 수 있을 뿐만 아니라 그것들
을 감각적·운동적·복제적 기능으로 재탄생시킬 수 있는 수련이
의념수련이다. 물론 불경에서는 외도外道, 사도邪道의 수행법으로
간주하지만 현상계에서는 제법 효용가치가 있는 에너지의 확장
방법 중에서 최고로 친다. 또 기공치료, 안수기도, 퇴마의식 등이

모두 의념수련의 결과물이라고 주장하기도 한다.

그 일례를 찾아 잠깐 경험해보자.

"이제 여러분은 양쪽 발바닥의 감각을 느낌으로써 기의 생명력의 감각기능에 대해 연습을 시작할 것입니다. 오직 발바닥만입니다. 발바닥의 감각에만 집중하세요. 몸의 다른 어떤 부위도 여러분의 주의를 빼앗지 않습니다. 여러분은 자신의 발바닥에 있습니다. 발바닥의 부드러운 진동을 느낍니다. 오직 발바닥에서만이요!"

"이제는 운동기능입니다. 천천히 발목으로 마음을 집중하면서 올라가십시오. 기의 생명력이 느껴집니다. 아직 느낌이 없는 분들은 강하게 기운을 심상화, 마음으로 그림을 그리는 작업을 되풀이하십시오. 감각기능으로써 이제는 발바닥에서 발목에 이르는 신체 부위를 느낍니다."

(느끼도록 독려하면서 집중을 유도한다. 30초 후 멘트가 시작된다.)
"다시 운동기능입니다. 천천히 발목으로부터 무릎으로 올라가십시오. 이제 여러분은 발바닥으로부터 무릎에 이르는 다리의 감각을 느낍니다. 다른 신체부위는 여러분의 주의를 끌지 않습니다. 여러분은 기의 감각기능을 발바닥에서 무릎까지 작용시키고 있습니다. 다시 운동기능입니다. 천천히 허벅지로 올라와서 다리가 골반과 만나는 지점까지 가십시오. 기의 감각을 통해서 발바닥에서 골반에 이르는 두 다리를 느끼십시오. 다른 신체부위는 신경 쓰지 말고 오직 두 다리만을 느끼십시오."

"이제는 기의 생명력의 복제기능을 사용합니다. 두 다리가 백색의 광채로 둘러싸여 있는 모습을 마음속에 그리십시오. 오직 백색의 광채만이 발바닥으로부터 골반까지의 두 다리를 감싸고 있습니다. 생각의 파장, 사념思念으로써 여러분의 다리는 오직 건강만이 지배한다는 강한 염원을 세우십시오."

(잠시 동안 집중을 유도한 후 다시 멘트가 시작된다.)
"기의 생명력의 운동기능을 통해 사타구니로부터 하복부를 거쳐서 가슴까지 올라가십시오. 기운의 감각기능을 가슴까지 사용하십시오. 사타구니 아래쪽에 대한 감각기능을 거두어 버리지 않도록 주의하십시오. 여러분은 발바닥에서 가슴까지의 몸을 느끼고 있습니다. 그 부위에 마음을 집중하십시오."

(1분 후 멘트는 계속된다.)
"이제 복제기능을 사용합니다. 하복부의 안과 밖을 청백색의 빛이 성운星雲형태로 둘러싸고 있다고 상상해보세요. 하복부의 안 팎을 둘러싼 청백색의 빛을, 이제 사념으로써 여러분의 거친 육체적 존재 안에 완전한 건강만이 자리 잡는다는 염원을 세우십시오."

"다시 운동기능으로 돌아옵니다."

(1분 후 멘트가 계속된다.)
"다시 움직임이 일어납니다. 가슴까지 올라가십시오. 기운의 감각기능으로써 가슴부위 전체를 느껴보고, 복제기능으로 가슴부위 전체를 안팎으로 감싸는 성운형태의 백장밋빛 고운 빛을 심상화시켜 마음으로 그림을 그리세요."(30초 동안 집중을 유도한다.)

"사념으로써 자신의 심령체에 완전한 건강이 자리 잡는다는 염원을 세우십시오. 평화로운 고요가 당신의 자아를 의식하는 현재 인격 속에 충만하기를 빕니다."

"다시 기운의 운동기능으로 돌아갑니다."(1분 동안 묵상한다.)

"어깨까지 올라갔다가 천천히 팔을 통해서 내려오십시오. 양손의 손바닥과 손가락까지 내려오십시오. 기운의 생명력의 감각기능으로써 이제 양어깨로부터 양손의 손바닥과 손가락까지 느끼십시오. 이제 복제기능을 사용해서 양손이 백색의 광채로 감싸여 있는 것을 심상화하십시오. 당신의 양팔과 양다리는 이제 진동하는 백색의 광채로 감싸여 있습니다. 두 손에 완전한 건강이 자리잡도록 염원하십시오. 이 두 손이 당신의 이웃들의 고통을 치유해주는 매개체가 되기를 염원하십시오." (1분 동안 묵상한다.)

"다시 운동기능입니다. 여러분의 갑상선으로 올라가십시오. 기운의 복제기능으로써 목 부위가 밝은 오렌지빛 광채로 감싸여 있는 모습을 심상화시키십시오. 당신의 목 부위를 밝은 오렌지빛의 성운이 감싸고 있습니다. 다시 완전한 건강이 당신의 거친 물질적 존재 속에 자리 잡도록 염원하십시오." (30초 동안 묵상한다.)

"기운의 운동기능으로 돌아갑니다. 머릿속으로 천천히 들어가기 시작하십시오. 감각기능으로써 머리를 느끼십시오. 이제 복제기능으로써 머리 안팎을 밝은 황금빛 광채들로 감싸고 있는 황금빛 성운을 심상화시키십시오. 생각이라는 신神의 선물을 올바로 사용하도록, 올바른 사고를 하도록 염원하십시오."
"이제 당신은 자신의 물질적 존재의 모든 세포와 입자 내부에 있습니다. 밝은 황금빛이 당신의 머리를 감싸고, 밝은 장밋빛 광채가 가슴을 감싸며, 밝은 청색의 광채가 하복부를 감싸며, 두 팔과 두 다리는 백색의 광채가 감싸고 있습니다.

이제 자신이 달걀모양의 진동하는 백색 光으로 온통 감싸여 있는 모습을 심상화시키십시오. 당신은 이 광채의 한가운데에 있습니다. 주목하십시오. 이것은 단단한 것이 아닙니다. 이것은 온통 하얀빛이며 당신은 그 속에 있습니다. 이 달걀모양의 광채가 당신의 현재인격을 외부의 위험으로부터, 당신을 다치게 하려는 그 어떤 것으로부터도 당신을 보호해주기를 염원하십시오.

이 광채가 당신의 현재인격 속에 잠복해 있는 모든 나쁜 것을 중화시켜 녹여 줄 것이라고 염원하십시오. 그것을 중화시켜야지 그것이 온 곳으로 돌려보내서는 안 됩니다. 이 점을 주의하십시오. 그리고 완전한 건강이 자아를 의식하는 현재인격 속에 자리 잡기를 염원하십시오.”

“이제 마쳤습니다. 자, 모두들 눈을 뜨십시오. 다 같이 기합을 넣으면서 기지개를 켜도록 하겠습니다.”

이 과정이 30분 동안의 의념수련의 면목이다.

신비가들

죽은 사람들의 영혼이 우글거린다는 흉가나 귀신 들린 사람들, 또 귀신을 쫓는 의식에 관해 방송하는 TV채널에 많은 사람들이 관심을 가지고 보고 있다. 그것이 허구인지 아닌지를 불문하고 그런 심령현상은 누구나 흥미를 가질 수 있는 좋은 소재가 된다. 그렇다면 심령현상의 진위를 실험적으로 입증할 수는 없을까? 신비神秘, 그것은 음침하고 무시무시한 마법사의 세계일까? 아니면 경이롭고 환상적인 세계일까? 그도 아니면 현실 속의 실제 이야기일까? 그 어느 쪽이든 우리에게는 낯설고 거리가 먼 느낌의 세계임엔 틀림없다.

비단 무속의 일에 관여하는 사람이 아닐지라도 주변에서 그러한 세계를 마치 이웃집처럼 드나드는 신비가에 대한 얘기는 심심찮게 들을 수 있다. 그리고 그 사람의 성향에 따라 자석에 이끌리듯이 강한 호기심을 불러일으키기도 한다. 바로 그러한 호기심이 오늘의 저자를 만들었고, 이 책의 독자들에게 또한 새로운 정보를 얻게 하는 계기가 되어 줄 것이다.

우리는 자신이 알고 있는 세계를 현실로 인정하고, 그 현실에 부합하는 의미를 좇아 바쁘게 살아가고 있다. 그리고 알려지지 않는 사실에 대해서는 마음을 굳게 닫아걸고 되도록 부정하려는 경향이 있다. 자신이 공들여 구축해 놓은 가치의 세계가 흔들리는 것을 원하지 않기 때문이다.

그런데 만에 하나 신비라는 말이 현실의 왜곡된 표현에 지나지 않았다는 것이 드러난다면, 다시 말해서 신비가의 세계가 흔히들 생각하듯이 환상이 아닌 현실의 감추어진 어떤 일부라면 '그것은 우리의 삶 자체에 어떤 새로운 의미를 던져 줄 수 있지 않을까?' 하는 의문을 제기해본다. 다행히 만에 하나의 가능성도 소홀히 지나치지 않고 정직하고 용감하게 대면하고자 하는 용기는 현실의 새로운 영역을 더듬어보는 흥미로운 탐험길이 됨을 자신하게 될 것이다.

인간의 눈으로 볼 수 없는 4차원의 세계나 영적인 세계를 볼 수 있는 능력이 투시이다. 엑스레이X-ray, CT 혹은 MRI처럼 특수 의료 기계로만 볼 수 있는 해당 장기들을 수행자가 명상의 힘만으로 들여다볼 수 있다면 일반인들은 믿을 수 없을 것이다. 하지만 불교의 선승들도 자신들이 외도外道라 몰아치는 영적 능력에 대해서는 일부 인정하기도 한다.

그렇다고 영적 능력이 무속인처럼 산기도를 통한 접신의 힘으로만 얻어지는 것은 아니다. 선승이나 고급수행자도 당연히 초자연계의 현상을 감지할 수 있는데 이것은 마음이 맑아져 나타나는 청정의 파장, 법력 때문이다. 마치 시냇물이 맑으면 바닥에 깔려 있는 돌과 모래가 훤하게 보이는 이치와 같다. 접신의 영통靈通이 아닌 청정淸淨의 힘으로써 과거, 현재, 미래를 여기에서 저기를 보듯 알 수 있다.

흉가에 초대된 무당이 원귀들의 모습을 마치 화면으로 보듯 자세하게 설명하는 케이블방송의 '위험한 초대'는 우리의 호기심을 발동시킨다. 이처럼 무당들은 영靈의 모습을 대체로 공통되게 이야기하고 있다. 무속인은 수행자와는 달리 본인의 능력이 아닌 접신接神된 영의 눈으로 귀신을 본다. 애기동자 영에 접신된 무당은 애기 목소리로, 장군 영將軍靈에 접신된 무당은 어른 목소리로, 그리고 산신할배 영에 접신된 무당은 할배 목소리로 위엄을 부린다.

하지만 고급수행자는 맑음의 파장 아래 상대방의 질병에 노출된 장기臟器의 속까지 들여다볼 수 있다. 이러한 능력은 진화론자의 이론과 맥을 같이한다. 바깥의 세계를 감지하기 위해서는 피부에 의존할 수밖에 없다. 피부의 진화가 눈으로 만들어지기까지 오목한 피부와 수정체의 등장은 진화의 완벽한 결정체이다. 피부의 느낌이 눈으로 보이기까지는 수많은 시간이 만든 진화의 결과처럼 수행자의 맑음의 파장은 공간을 점령하면서 느낌에서 변화되어 화면으로 나타난다.

맑음의 파장은 공간을 초월하여 질병에 걸린 환자의 장기를 거울에 비추듯 감지할 수가 있다. 의식이 관여하지 않은 무위無爲의 상태에서 자타일여自他一如의 현상과 겹쳐 나의 자아(의식)가 상대의 몸속으로 들어갈 수 있어 몸속에서 일어나고 있는 질병의 현상들을 살펴볼 수 있다. 눈을 감고 명상에 들면 환자의 상처부분을 어루만지는 기운의 손길과 마주치면서 그 느낌이 내게로 전달된다.

이것은 의식이 하는 일이 아니다. 의념으로 상처가 치유된 장기의 그림을 만들어놓고 기운의 생명력을 의도적으로 불어 넣는다는 의미도 전혀 아니다. 그저 환자의 상처 난 장기가 정상으로 돌아왔다는 것을 확인하는 절차 외에는 나의 의식이 하는 일은 없다. 이 모든 일이 의식이 쉴 때 무위로 행해지는 일임을 한참 지난 후에야 깨닫게 되었다.

그동안 오랫동안 헤매던 수행 길에서 우연히 마주친 불교의 관음수행, 관음觀音의 위대함을 알고부터는 절대로 의식을 동원한 이미지요법을 실행하지 않는다. 따라서 후학들에게도 의념수련이나 최면요법을 일절 금하고 있다. 의식이 만들어내는 생각의 파장인 염력은 초자연계에서는 너무나 미미한 것이었음을 새삼 알게 되었기 때문이다.

영적 세계

현상계는 눈에 보이는 물질로 구성되어 있다. 따라서 물질세계만이 과학의 연구대상이 된다. 그러나 우리가 살고 있는 3차원의 공간이 아니라 눈으로 볼 수 없지만, 감感으로만 존재하는 또 다른 세계가 존재한다. 영적인 공간으로서 4차원의 심령계心靈界와 5차원의 법신계法身界가 있다. 이곳은 시간과 공간을 초월하는 마술 같은 세계이다.

수행자들은 오랜 시간의 수행을 통해서 말로써는 표현할 수 없는 묘한 체험을 경험하게 된다. 전통의학이나 심리학이론으로도 설명되지 않는, 그렇다고 최면이나 환영幻影이라고도 할 수 없는 비범한 신유의 능력이 존재하고 있다는 것을 경험하게 된 것이다.

현대과학이 인간의 유전자 배열과 그 역할까지도 밝혀내고 있는 입장에서는 부합되지 않는 일이겠지만 심령계와 법신계의 언급은 종교가나 수행자들은 귀담아들을 필요가 있을 것이다.

동양철학인 이기론理氣論은 양명학에서 대표적으로 거론되는 논제이기도 하다. 기운은 언제나 변하나 하늘의 이치는 불변하다는 남송南宋시대 학자들의 이론은 송나라의 위대함을 대변하는 학설을 만들어낸다. 결국 기라는 물질은 이理의 그림자로, 존재의 근원에서 발생된 것임은 의심할 여지가 없다.

힌두교의 프라나의 개념과 비슷한 에테르 에너지, 베르그송(Henri Louis Bergson)이 말한 생기生氣, 빌헬름 라이히Wilhelm Reich가 말한 오르곤Orgone 에너지, 메스머(Friedrich Anton Mesmer)가 말한 동물자기動物磁氣 등은 모두 눈에는 보이지 않지만 생명과 생명력을 내포한 기와 그와 연결된 영적인 세계를 아울러 설명하고 있다.

우리의 몸은 육신과 영혼의 결합체이다. 죽음이란 육신과 영혼의 분리현상으로 물질적인 육신이 죽은 후에는 인간의 영혼은 영혼의 세계, 즉 심령계로 되돌아간다. 심령계는 공간의 개념이 없는 세계로 내 몸 안에도 있고 바깥의 세계에도 존재한다. 그럼 우리의 몸을 다시 차원적으로 해부하면서 선도仙道의 개념으로 살펴볼 필요가 있겠다.

육체는 자아의식을 지닌 현재인격을 형성하는 세 가지 신체(물질계·영계·법계) 중의 하나이다. 일반적인 우리의 육신은 인간의 전 인격 중 가장 파장이 낮은 물질계, 즉 3차원의 세계에 소속된 낮은 차원으로 표현되는 내 몸이다. 선도의 개념으로는 하복下腹의 단전이 관장하고 있다.

심령계는 질량이 없는 에너지로 구성된 영혼의 세계 곧 멘탈계로, 자아의식을 지닌 현재인격을 형성하는 세 가지 신체 중의 하나로써 감각과 정서의 신체이다. 심장에 위치한 중단전이 본부이며, 이곳은 지난 생의 카르마의 집결처로 구분되는 부위이다.

법신계는 5차원의 세계로 심령계보다 한 등급이 높은 영혼의 세계로서 불교에서 지향하는 법法, 부처의 세계이다. 수행을 통해서만 얻어지는 맑음의 세계로 시간과 공간을 초월한다는 고단위의 고급파장으로 형성된다. 자아의식을 지닌 현재인격을 형성하는 세 가지 신체 중 가장 바탕이 되는 영혼의 점수라고 풀이할 수 있다. 영혼이 맑아야만 진입할 수 있는 법계法界는 정수리에 있는 백회의 개혈이 시작점이 된다.

모든 사람은 성격과 인격이 저마다 독특하다. 이것은 개인의 인격을 형성하는 영혼의 파장과 그것을 지탱하는 영혼의 맑음의 구성 상태가 사람에 따라서 질적으로 다르기 때문이다. 육체가 지닌 생명력의 거친 파장은 모든 인간에게는 상대적으로 비슷하지만 심령계(멘탈계)와 그에 따른 영혼의 맑음인 법신계의 파장은 저마다 매우 다르다.

현재 본인의 인격은 자아의식을 가진 영혼의 존재가 물질로 내려와 윤회의 쳇바퀴를 돌리기 시작한 그 순간부터, 전생에서 쌓아온 모든 경험과 그곳에서 만들어온 모든 영체(카르마)의 총화라고 할 수 있다. 따라서 인간은 '신의 고유권리인 자유의지'를 빼고 나면 우리의 육신은 물질의 법칙인 생명의 에너지, 기의 지배하에 있다.

기운의 역할

인체가 생명을 유지하려면 음식, 물, 공기만 필요한 것이 아니라 생명을 주는 생명력, 기氣도 필요하다. 이 생명의 기는 경혈을 통해서 몸 안으로 흡수된다. 인도인들은 이것을 '프라나'라고 하고, 그 원천 중의 하나는 태양이다.

생명의 기, 곧 프라나는 태양이 솟아오르는 낮에는 대기 중에 퍼져 있으며 해가 질 때는 밀도가 낮아진다. 이 때문에 환자들이 밤에 상태가 나빠지는 것이다. 해가 지고 나면 몸에 흡수되는 프라나가 줄어들기 때문이다.

생명은 운동하는 성질이 없이는 존재할 수 없다. 움직임, 즉 혈액의 순환, 심장의 맥박, 허파의 움직임, 사지의 놀림, 신진대사 등이 없이는 생명을 유지할 수가 없는데 이러한 모든 것이 기운의 파장과 파동의 움직임 덕이다.

그리고 우주공간을 통해 오는 우주의 기운, 고차원의 파장〔天氣〕이 있다. 이것은 시간과 장소를 구분하지 않기 때문에 밤도 장애물이 되지 않으며, 물체나 천체도 장애물이 되지 않는다. 수행자들은 이 에너지를 적절한 명상수행을 통해서 운용함으로써 온몸의 경혈을 가동시켜 자신의 건강유지 및 치유의 용도로 적극적으로 활용할 수 있다.

생명의 유지에 필요한 기운은 네 가지의 기본적인 성질과 기능을 갖고 있다. 즉 운동, 감각, 복제와 창조가 그것이다. 특히 두뇌의 고급경혈(백회, 인당, 태양, 뇌호)은 이 네 가지 성질을 운용하는 사령부로서 육신의 세포와 그에 따른 원자들을 동시에 작용하는 기능을 모두 지니고 있다.

기운의 역할 중 핵심적인 것이 창조적 성질로 원기原氣, 원음原音, 원광原光으로 발전하면서 파장을 세밀화한다. 이것은 가톨릭의 성령과 불교의 불성佛性과 같은 파장으로서 '로고스'에게 직접적인 지배를 받는다. '로고스'란 모든 현상적 현실에 근거를 제공하는 원인과 법칙의 세계로 창조주와 같은 의미로 해석하면 된다.

이러한 성질을 마음대로 다룰 수 있는 아주 높은 경지의 고급수행자는 말 그대로 세포를 물질로 바꾸거나 환원시킬 수 있어서 불치병인 악성종양을 소멸시키거나 혹은 병든 장기 자체를 송두리째 새것으로 바꿀 수 있는 영적인 치료를 행할 수 있다.

이러한 일들은 기운의 역할 중 드라마틱한 백회의 가동과 우주의 최고급 파장인 관음觀音의 법력으로써 이루어지는 것이다. 기운의 창조적 성질이 두뇌의 고급경혈(백회)을 열어 맑음을 만들고 증폭시켜, 관음을 유치함으로써 신체를 본래대로 되돌리는 능력을 발휘하도록 유도한다.

기는 에너지의 파장으로 감각의 경험과 느낌의 존재를 가능하게 하며, 기운은 신경계 속을 기분 좋은 느낌으로 마치 전선 속의 전기처럼 흐른다. 기수련의 느낌은 일반인들이 느낄 수 없는 묘한 촉감〔妙觸〕의 자극이 경혈의 부위로부터 두뇌의 중추로까지 전달되는 방식을 통해서 이루어진다.

의식의 집중은 우주에너지를 집약시킬 수 있다. 따라서 정신통일은 기운을 확장, 복제하는 기능으로 수행자로 하여금 에너지 파장의 밀도를 높이고 현상계의 시공간을 초월할 수 있게 한다. 그런 연유로 텔레파시나 염력, 유체이탈 등도 가능하게 되는 것이다.

3.

심리치료와 염력

명상은 영혼의 휴식이다. 그로 인해 마음속 깊은 곳에 자리 잡은 영혼의 꽃을 아름답게 활짝 피울 수 있는 계기가 된다. 그래서 머리도 맑아지며 의지력을 보다 강하게 할 수도 있다. 더욱이 만성 질환의 고통에서 또는 정신적인 스트레스에서 벗어날 수 있게 해주는 엔도르핀을 끊임없이 분비한다. 그 때문에 면역체계를 활성화하고 마음을 풍요롭게 하여 자연치유력도 증강시킨다.

심리치료에 종사하는 세계적 전문가들은 명상을 통하여 육체적인 질환과 정신적인 장애를 치료한 사례를 심층 깊게 보고하고 있다. 이를 보면 현대인들이 겪는 극심한 정신적 스트레스 장애에는 종합병원의 정신과보다는 오히려 전문적인 심리치료사에 믿음이 가기도 한다.

'오늘같이 포근한 날은 우리 모두 죽기가 너무나 좋은 날입니다. 자! 지금부터 죽음에 입 맞춥니다. 가만히 침대에 누워 죽음을 기다립니다. 죽음을 눈앞에 둔 우리들은 지난 생을 돌이켜보며 가족과 가까운 친지, 그리고 나를 알고 있는 모든 이에게 작별을 고해야 합니다. 즐거웠던 날들과 안타까웠던 날들을 회상해 봅시다. 그 중 가장 가슴 아팠던 기억을 떠올려 회상에 젖습니다. 가만히 두 손을 가슴에 올려 죽음을 떠올리며 명상에 들어갑니다.'

심리치료사는 자기최면의 특별한 이벤트를 명상이라는 이름을 걸고 최면을 유도한다. 참석자들로 하여금 지나간 아픈 기억을 떠올려 가슴속에 간직된 고통을 새삼 상기하게 한다. 그러면 잠시 후에 참석자들은 뜻하지 않은 새로운 고통이 엄습하면서 숨이 막히는 통증을 각기 체험하며 신비의 세계를 경험한다. 이것은 마음속 깊은 곳에 숨겨진 멍울이 표출되면서 한순간 카타르시스(자기해소)를 제공한다.

심리치료사는 심리치료요법을 통해 현대의학이 풀어내지 못한 불치병과 만성질환을 아주 짧은 시간에 호전시켜 참석자들이나 동행한 사람들에게 놀라움을 선사한다. 수년 동안 관절염으로 걷지 못하던 환자를 펄쩍펄쩍 뛰게 만들고, 20년 동안 고질이었던 가슴앓이를 일순간에 감쪽같이 해소시키기도 한다.

그러나 이러한 호전현상들은 모두 일시적일 뿐 시간이 지나면 기적은 사라지면서 환부는 다시 원래의 상태로 돌아가 옛날의 증상이 되풀이된다. 그러면 다시 명상요법으로 전환해 보지만 두 번다시 그런 기적은 되풀이되지 않는다. 비록 한 번의 일시적인 기적 현상일지라도 현대의학이 포기한 환자들에게 희망을 심어준 심리치료사들에게 박수를 보내는 바이다.

 ## 왓칭과 심상화

관세음보살은 세상의 소리를 보는 것으로 묘사되고 있다. 소리를 듣는 것이 아니라 본다(觀)는 의미는 육신의 눈으로 보는 견견과 달리 마음의 눈으로 보는 형이상학적인 표현이다. 불가佛家에서는 정신을 집중하여 몰아沒我, 곧 나를 잊어버리는 형태를 선禪이라 한다. 정진의 시간이 쌓이다보면 어느 날 마음의 눈으로 볼 수 있는 심안이 개발된다. 이것이 관법이다.

심리치료에서도 불가의 선과 비슷한 방법으로 '생각으로 환처를 보다', 곧 왓칭watching을 응용하고 있다. 모든 질병이 마음의 작용 탓이 아닌 게 있겠는가? 심리치료학에서 추구하는 낙관주의적 시각은 사람의 마음을 편안하게 만드는 지혜의 보편적 전통이다. 그런 연유로 마음을 다스리면 모든 질병의 기세를 꺾을 수 있는 탓에 일반적 치료시술과 함께 심리치료를 병용하는 것이 일반적인 사례이다.

더욱이 불교의 관법을 현실적으로 접근하면서 '의식적 봄(watching)'을 덧붙여 심리치료의 효능을 높이고 있다. 따라서 질병치료는 물론 분노의 멍울을 없애듯 모든 스트레스성 질환에도, 그리고 통증을 수반하는 환부에도 의식의 집중을 유도한다.

'의식을 쉬게 하는' 불가의 관법을 재해석하여 육신의 눈으로 세밀하게 응시하는 것처럼 '주관적 의식이 관여하는 집중' 왓칭과 더불어 '자기최면'의 심상화心像化의 이미지 요법을 첨가하고 있다. 따라서 상처가 난 환부를 보는 것에서 나아가 건강한 세포로 거듭나는, 상상을 그림으로 그리는 이미지요법을 더하여 주문하고 있다.

우리는 자기최면적 암시의 이미지, 즉 심상화의 방법이 왓칭보다 치유에 효과적일 수 있다는 것을 알고 있다. 하지만 환자 스스로

가 거기에 필요한 집중력을 과연 갖고 있는지는 확신하지 못하고 있다. 만일 집중력만 개발된다면 질병의 기세를 꺾는 것은 시간 문제라고 주장한다.

예컨대 암환자들이 통증이 있는 자신의 신체부위에 특별한 색채의 심상화를 체계적으로 실천해서 스스로를 치유했다는 이야기를 들은 적이 있다. 한 소년은 팩맨(어린이용 컴퓨터 게임에 나오는 캐릭터)이 암세포를 먹어치우는 것을 심상화함으로써 자기 자신을 치유했다고도 전해진다.

왓칭과 심상화가 다른 점은 환부를 보는 것에 그치지 않고 그 환부가 생생하게 고동치는 천사들의 새하얀 빛으로 덮이는 것을 마음속으로 떠올림으로써 효과를 볼 수 있다는 점이다. 자기치유나 의료 외적인 치유의 열쇠는 치유를 바라는 강력한 염원과 함께 흐트러지지 않는 마음으로 집중하는 것이라는 사실이다.

그러나 환자와 수행자의 길은 완연히 다르다. 질병의 치료는 검은 고양이든 흰 고양이든 쥐만 잡으면 되는 일이겠지만 염원은 강력한 염력의 파장을 만들어낸다. 그것은 영적인 파장으로 질병 치료에 대응할 따름으로 깨달음의 길인 법계와는 행로가 사뭇 다르다.

그렇다면 표현의 언어는 동일한데 왜 서로가 이토록 극명하게 다른가? 결론적으로 말하자면 심상화와 왓칭은 주관적 의식의 작용과 운용인 염력으로 심령계의 일이라면, 반대로 무심의 관법은 심령계를 초월한 법신계의 법력이다. 이것은 무념에서 바라보는 '함이 없는 함' 곧 무위로써, 스스로 이루어지는 우주 본래의 힘이라 말할 수 있다.

의식의 동원에서 출발하는 '왓칭'은 잡념을 제거하고 기대감을 높이는 효과를 가질 수 있을지언정 그 힘은 유한하다. 가끔은 물질의 법칙을 초월한 신비한 현상 등으로 세인들에게 각광받을 수는 있겠지만 심리치료용 정도에 불과하다. 더구나 습관적으로 의식을 동원하는 왓칭은 관습적인 집착으로 변질될 수 있어 영적 장애를 일으킬 수 있다. 다시 말하면 왓칭과 심상화요법은 심리치료의 일종으로 질병치료용이다. 건강한 사람이 아프지도 않은데 미리 감기약을 복용하는 것처럼 심리치료 역시 정신과 치료의 일종이므로 건강한 사람은 정신적 장애를 일으킬 수 있는 맹점이 있다.

따라서 잘못된 관법의 서구식 왓칭과 심상화요법은 정신과 질환을 유발할 수도 있다는 것이다. 왜냐하면 왓칭은 염력을 다루는 일로써 초능력의 한부분이기 때문이다. 초능력은 영적세계와 연결되어 있어 지속하면 영적 장애를 수반할 수 있음을 절대 잊어

서는 안 된다. 부연하면 스트레스성 두통에는 왓칭보다는 운동이
보약이다.

한편 '선의 체험에서 나오는 무심의 관법'은 존재의 근원, 본성의
힘과 하나가 된다. 따라서 심령계를 제압, 지배하면서 자신의 건
강은 물론 기치료와 퇴마의 법력을 창조하는 법신계로 나아간다.
불치병은 지난 생의 카르마에 뿌리를 두고 있는 탓에 현대의술이
나 심리치료만으로는 완치가 불가능하다. 오로지 카르마의 소멸
만이 완치를 보장할 수 있다.

선의 실천을 통하여 얻어진 관법의 유용성은 이론과 분석만으로
는 결코 그 영역을 이해하지 못한다. '구하지 말고 의지하지 말며
상相을 짓지 않는' 의식의 집중에서 진화된 관법은 마침내 무의
식의 정신통일로 이어진다. 이때 비로소 맑음의 에너지를 양산한
다. 맑음은 법력이며 깨달음의 가시권이다.

내 탓이요, 내 탓이요, 내 큰 탓이로소이다

고대인들은 질병의 원인을 악령의 탓으로 돌렸다. 귀신이 하는
짓이라거나 또는 귀신 그 자체라고 생각했다. 병이 생기면 주술

사에게 의지했으며, 샤먼이 고대인들에게는 퇴마사인 동시에 의
사였다.

『황제내경』은 동양의서 중에서 가장 오래된 문헌으로, 질병의 원
인과 치료를 체계적으로 정리했다. 질병의 원인을 바깥의 기후나
풍토에서 기인한 외인外因과 음식물의 이상 혹은 심리적인 충격
에서 오는 내인內因으로 구분하면서 샤머니즘에서 진보된 과학
적인 소견이 완성된다.

현대인의 질병은 외과적인 부분을 제외하고는 스트레스성 질환
인 경우가 대부분이다. 심리치료는 정신과 의사의 보조적 치료에
기인한 정신과 환자를 치료하는 방법의 일종이다. 심리적 안정
상태에서 재활에 전념할 수 있도록 환자의 심리를 파악하고 능동
적인 사고와 행동으로 안정 상태를 지속시킨다.

우울증이나 자괴감, 불안 등으로 사회생활이 불가능한 사람들을
돕는 심리치료에는 여러 가지 프로그램이 등장한다. 그 첫 번째
가 조건 없는 사랑이다. 자기중심적인 이기주의가 상대를 증오하
게 만들고 덩달아 자신의 영혼을 괴롭힌다. 두 번째가 범사凡事에
고마워함이다. 일상의 자질구레한 일에도 항상 고마워하는 자세
는 자연의 너그러움에 푹 빠지게 한다. 그리고 세 번째가 가장 능
동적인 것으로, 이 모든 행위가 나로 인하여 발생한 것임을 인정

하는 태도이다. "내 탓이요, 내 탓이요, 내 큰 탓이로소이다!"는 가톨릭 참회기도문의 대미이다.

이윽고 실행에 옮긴다. 패배주의의 극복이다. 패배주의를 극복하는 명상기법은 '나는 할 수 있다!'는 긍정적인 사고를 확장시키는 훈련이 가장 효과적이다.

난치병환자, 심지어 시한부 삶이라는 선고를 받은 말기암환자도 심리치료를 병행한 자연요법으로 거뜬히 사지死地에서 일어나 건강한 모습으로 주위를 놀라게 한다. 긍정적인 사고를 유발하는 자기최면은 의외로 아주 단순하다. 거울 속에 비친 본인의 모습을 보면서 '나는 건강한 육체를 만들 수 있다! 할 수 있다!'며 다짐하는 간단한 요법이다.

본인의 완쾌된 모습을 떠올리는 심상화, 곧 이미지요법은 명상이기보다는 자기최면적인 요법이다. 환자뿐만 아니라 성공을 목표로 정진하는 청년들에게 성공한 본인의 미래모습을 상상케 하는 심리요법은 그 나름대로 의미가 있다. 다만 여기에서 주의할 점이 있다. 눈을 감고 오랜 시간 집중하는 태도는 금물이다.

눈을 활짝 뜨고, 활기찬 목소리로 소리 높여 '나는 할 수 있다! 나는 할 수 있다!'라며 구호를 외치는 심리요법은 환자에게 긍정적인 마음가짐을 갖추게 하는 요법임에는 확실하다. 하지만 눈을 감고 장시간 자기최면에 빠지면 본인도 모르게 초자연계의 함정에 빠져 들기 쉽다. 초자연계는 신비와 신통이 난무하는 곳으로 길을 잘못 들면 본인도 모르게 빙의가 된다.

빙의란 악령이 내 몸에 깃든 것으로 접신接神의 전조현상이다. 무당의 영통靈通과는 다르게 가슴을 짓누르고 두통을 일으킨다. 잠을 재우지 않으며 항시 무엇에 쫓기듯 불안에 떨게 하고 우울증을 동반하게 한다. 환청과 환영 속에서 귀신을 보고 또 그 공포에 빠지게 한다.

어떠한 명상단체도 심리치료요법을 자기최면이라고 말하지 않는다. 실제로 명상을 지도하고 심리치료를 관장하는 전문가들 역시 초자연계의 공포를 전혀 모르고 있다. 이러한 현실에 비추어 그 방법이 자기최면적이고 의념을 유도하는 명상은 비록 심리치료라는 의학적 용어를 사용할지라도 당장 중지해야 함을 잊지 말아야 한다.

심리치료요법

실내를 어둡게 한다. 창문을 닫고 커튼을 친다. 그런 다음 작은 테이블 위에 하얀 양초를 올려놓고 불을 켠다. 그 옆에 물 한 잔과 소금 한 티스푼이 담긴 조그만 접시를 놓는다. 환자를 방으로 안내한다. 환자를 의자에 앉히고 심리치료사가 이야기하는 것을 주의 깊게 듣고 그대로 따라하라고 말한다.

"촛불에 집중하세요. 다른 생각이 마음에 떠오르지 않도록 해야 합니다. 당신의 주의를 촛불에 집중하세요. 10분 동안 그렇게 하세요."

"10분 동안 촛불에 집중한 후에 눈을 감으세요. 그러나 마음속으로 촛불의 이미지는 그대로 유지하셔야 합니다. 그 다음에, 당신을 괴롭히는 생각들이 무엇이건 간에 이 순간 이 촛불에 타버리기를 강력히 염원하세요. 그 생각의 파장들이 하나씩 하나씩 타버리는 것을 눈앞에 떠올리세요. 그 불꽃은 당신이 지금 겪고 있는 모든 불행으로부터 당신의 잠재의식을 정화시킬 겁니다."

또 다른 명상과 자기성찰을 담은 심리치료요법이다.

"자신의 마음을 지극히 평화스럽고 고요한 상태로 들어가십시오. 당신의 현재인격을 점령하고 있는 모든 생각을 쫓아버리고, 순백의 광채를 반사하는 자신을 떠올리십시오. 그래도 지금 당신은 희미하게나마 자신의 형체 속에서 구속감을 느끼고 있습니다. 당신의 몸무게가 줄어든 것을 느낍니다. 몸이 가벼워진 것을 느끼면서 풍성한 담청색의 빛에 싸여 있는 당신의 모습을 떠올리십시오.”

“당신은 순백색의 빛이고 주위는 풍성한 담청색의 빛으로 가득합니다. 이제 몸의 무게가 전혀 느껴지지 않게 되었습니다. 중력은 더 이상 당신을 속박하지 않습니다. 어떤 것도 당신을 자리에 묶어둘 수 없습니다.”

“당신은 의식의 움직임이 위쪽으로 향하는 것을 느낍니다. 당신은 위쪽으로 계속 더 높이 올라갑니다. 이러한 의식의 움직임을 느껴보십시오. 상당히 높은 곳에 이르렀다고 생각될 때 그곳에 멈추고 그대로 계십시오.

아래쪽을 내려 보면서 한반도 상공의 아주 높은 곳에 있는 자신을 심상화하십시오. 당신은 한반도의 모양을 잘 알고 있기 때문에 그곳이 한반도라는 것을 압니다. 당신의 오른편은 한반도의 동쪽이고, 왼편은 한반도의 서쪽입니다. 앞은 북쪽이고, 뒤는 남쪽입니다. 이 위치에서 당신은 한반도 상공에 떠 있습니다.”

“이제 당신 가슴의 중심으로부터 나오는 사랑으로 가득 찬 태양에 에너지를 불어넣으십시오. 담홍색의 빛이 360도 모든 방향으로 방사됩니다. 당신은 순백색의 빛이고, 주위는 풍성한 담홍색의 빛으로 채워지고 있습니다. 이제 집중하여 사랑으로 가득 찬 햇빛이 아래쪽을 향하도록 초점을 맞추고 한반도와 한반도 주변의 바다 부분까지 밝게 비추십시오. 당신이 소유한 사랑의 에너지로 한반도에 방벽을 치십시오. 이곳에는 많은 사랑이 필요합니다. 우리나라의 앞날에 더 좋은 일이 있기를 기원하십시오. 이곳에 사는 모든 사람이 생각을 바르게 하길 소망하십시오. 당신의 사랑이 이곳을 보호할 것입니다. 어디든 사랑이 있는 곳에서는 사랑만이 커질 것입니다."

"한반도를 비추는 담홍색의 빛이 민족과 종교, 이데올로기, 정치적 성향 등에 관계없이 이곳에 사는 모든 사람 사이에 상호이해와 우정을 싹틔우기를 소망하고, 한반도에 밝은 미래가 오기를 소망하십시오."

"자, 이제 한반도에 그대로 초점을 유지한 채 당신의 의식이 다시 위쪽으로 움직이는 것을 느끼십시오. 당신은 계속해서 더 위쪽으로 올라가 대단히 높은 곳에 도달합니다. 일단 아주 높은 곳에 도달하면, 조금 전과 같은 방향을 잡고 그대로 멈추십시오. 아래를 내려다보면 일본, 중국, 대만, 필리핀, 인도네시아, 태국, 말레시아, 인도 그리고 유럽까지도 시야에 들어와 넓은 지역을 당신이 볼 수 있을 것입니다. 그러나 당신의 중심점은 여전히 한반도입니다."

"이제 당신의 사랑의 햇빛을 이 모든 지역에 널리 비추십시오. 그리고 모든 사람과 민족, 각국 정부 사이의 상호이해와 신뢰, 선린의 우정을 염원하십시오, 이 모든 사람이 국제법의 범위 안에서 이견을 해소하고 인권을 존중하는데 밝은 미래가 오기를 기원하십시오, 모든 지역에 평화와 안정이 도래하고 사랑이 넘치기를 소망하십시오."

"이번에는 지구 전체를 커다란 풍선모양으로 하고 당신에게 가져와 당신의 사랑의 광휘로 지구 전체를 덮으십시오. 당신의 가슴에서 나오는 담홍색의 빛으로 지구를 에워싸십시오. 담홍색의 광휘가 한반도 주변의 모든 나라를 감싸고 멀리 떨어진 남북아메리카 대륙과 지구 전체를 감쌌습니다. 한반도와 주변 지역의 모든 나라, 남·북극을 비롯한 전 지구에 더 밝은 앞날이 오기를 염원하십시오, 평화와 복된 삶, 그리고 사랑이 함께 하기를 염원하십시오."

"그리스도의 사랑과 위대한 스승들과 지상의 스승들의 사랑이 당신의 가정 안에 깃들고 당신의 사랑하는 사람들과 함께 하며 전 세계와 함께 하기를 염원합니다. 우리는 항상 순결한 마음으로 주의 곁에 있습니다."

염력

우리의 생각과 감정은 곧 우리가 주위에다 투사하는 에너지이다. 염력은 다양한 모양과 색깔을 취할 수 있는 생각의 덩어리이다. 뛰어난 신비가나 기공사들은 이것이 사람들의 잠재의식으로부터 나오는 것을 알 수 있다.

인간은 육신을 가진 이상 에고ego와 욕망의 그늘에서 벗어날 수 없다. 그래서 염력의 파장은 욕망에서 뿜어 나오는 탁기濁氣가 대부분이다. 때문에 그러한 탁기를 느낄 수 있는 자타일여自他一如와 투시능력을 가진 고급수행자는 되도록 그런 상대들과의 대화를 기피한다. 남의 얘기를 듣는다는 것은 상대의 염력파장을 고스란히 수용하는 결과이기 때문이다.

이 염력은 힘과 에너지와 자체의 생명을 가지고 있다. 그 에너지는 긍정적일 수도 있고 부정적일 수도 있다. 예컨대 다른 사람에 대한 친절한 생각이나 느낌은 긍정적인 에너지를 지닌 염력이지만 반대로 부정적인 생각이나 느낌은 부정적인 에너지를 지닌 염력의 파장이다.

하지만 그것이 선이든지 악이든지 간에 염력은 그것을 투사한 사람과는 별개로 자신만의 고유한 생명과 형체를 가질 수 있다. 염력은 육신과 영혼의 결합체인 의식에서 나온 것인 만큼 영적인 주파수와 쉽게 결합하여 빙의령의 모습으로 등장하게 된다.

그들은 영계의 어떤 공간에 머물면서 잠재의식적으로 같은 주파수로 진동하는 사람들에게 영향을 미친다. 이것은 마치 컴퓨터의 바이러스와 같은 존재로 악성코드로 전환하기도 하지만 그렇게 심각한 수준까지는 아니다. 하지만 여인의 한恨은 집념의 덩어리로 변할 수 있는 소지가 있어 문제를 일으키는 장본인이 되기도 한다.

염력은 이르든 늦든 언젠가는 자신의 근원으로 돌아온다. 그러므로 우리가 이 세상에 투사하는 염력이 선하든 악하든, 어떤 것이든지 간에 결국에는 우리 자신에게 되돌아온다. 이것이 카르마가 작용하는 방식이다.

우리가 투사하는 염력의 파장들은 이번 생生, 아니면 미래 생生에 우리에게 되돌아온다는 사실이다. 현재 우리의 생각이나 욕망, 감정들은 잠재의식을 형성하는 지난날의 염력의 에너지이다. 우리는 각자의 잠재의식의 총화를 한 생에서 다음 생으로 가지고 다닌다. 이것이 우리의 운명을 좌우하게 되는 밑그림이 된다.

선禪 수행자들이 의식을 동원하는 자기최면과 염력을 금기시하면서 무심無心을 논하는 이유가 따로 있다. 의식의 작용에 의해 만들어진 생각의 파장은 심령계와 접속하여 영적인 장애물로 확장되어 법계의 진입을 가로막는 장애가 되기 때문이다.

영각스님이 혜충국사慧忠國師에게 물었다.
"발심發心하여 출가한 것은 본래 부처 구하기를 위함인 바를 누구나 알지 못하겠습니까만 어떻게 마음을 써야만 곧 성불成佛을 얻을 수 있습니까?"
혜충국사가 말씀하셨다.
"마음을 쓰는 것이 없는 것이 곧 성불함을 얻는 것이니라."
영각스님이 말하였다.
"마음을 쓰는 것이 없다면 어느 누가 성불합니까?"
혜충국사가 말씀하셨다.
"마음이 없으면 스스로 이루나니 부처도 또한 무심無心이니라."
영각스님이 또 물었다.
"부처님께서는 위대한 분이시라 능히 중생을 제도하시지만 만약 마음이 없다면 어느 누가 중생을 제도합니까?"
혜충국사가 답하셨다.
"무심한 것이 바로 참으로 중생을 제도한 것이라,

만약에 중생을 제도함이 있는 것을 본다면
그것은 무심이 아니라, 곧 이 마음이 있는 것이니
불생불멸이 아니라 바로 생멸生滅이니라."

모두 배우는 무리에게 말하노니
밖으로 달려 구하는 것이 없어야 하느니라〔心外無佛〕.
부처의 최상승의 법이란 응당 구하거나 의지하거나
상相을 짓는 것이 없느니라.
무념無念으로 종宗을 삼고 무작無作으로 근본을 삼는다.
대저 진여眞如는 생각이 없음이라,
생각으로 능히 알바가 아니요,
실상實相은 나타나는 것이 없음이라,
어찌 몸과 마음으로 그것을 볼 수 있으랴!
무념으로 생각하는 것은 곧 진여를 생각함이요,
무생無生으로 내는 것은 바로 실상을 내는 것으로,
머무는 것은 항상 열반에 머물고 행하는 것은 곧 저 언덕에 뛰
어남이라,
생각 생각이 구함이 없으면 구하는 것은 본래가 무념이니라."
_하택신회선사荷澤神會禪師

초능력

마음을 하나의 대상에 전주專主하여 산란하지 않게 하는 사마타 수행에는 8단계의 선정禪定이 있다. 여기에는 색계色界의 4선정과 무색계無色界의 4선정이 있다. 색계란 물질계를 말함이고, 무색계란 눈에 보이지 않는 세계를 말한다. 바꿔 말하면 사마타의 8선정이란 8단계의 신통을 뜻한다. 눈에 보이는 4단계의 초능력과 눈에 보이지 않는 4단계의 신통이다.

8선정은 눈에 보이지 않는 세계, 곧 심령계의 신통으로서 도가, 요가, 수피(이슬람의 신비주의) 등과도 본질적으로 크게 다르지 않은 대대로 전해오던 수행법이다. 석가모니 자신도 깨치기 전에는 이 수행법으로 통달했으나 여기에 만족할 수 없어 두 분의 스승을 버리고 보리수나무 밑으로, 나 홀로 수행법을 찾아 갔던 것이다.

신통은 도道가 아니라지만 그래도 유명도사라면 초자연적인 신통을 하나, 둘쯤은 가지고 있지 않을까? 사람들은 그리 생각한다. 가령 앞날을 내다본다거나 혹은 기공치료를 할 수 있다고 여긴

다. 아무리 우주과학이 발달한 현실 속이지만 과학적으로 설명할
수 없는 신비한 부분들이 우리 주변엔 가끔 있다.

무속인은 신내림을 주관할 때 날카로운 칼날 위에 몸을 던져 맨
발로 작두를 탄다. 광란의 징소리와 미친 듯이 흔들어대는 요롱
소리, 그리고 환각상태에 빠진 무당의 몸놀림에 일반인들도 정신
이 나간 듯 멍한 표정이 된다.

아나스테나리데스Anastenarides는 불 위를 걷는 사람들의 사교집
단으로 그들은 해마다 한 번씩 종교의식으로 불타는 석탄 위에서
맨발로 춤을 춘다. 그들은 먼저 콘스탄틴의 성상聖像을 들고 불
주위에서 춤을 춘다. 그러다가 어떤 심리상태에 몰입하면 맨발로
불 위에서 춤을 추기 시작하는데 전혀 화상을 입지 않는다.

이런 현상은 인류학 문헌에도 기록되어 있는데 비슷한 사례는 아
시아뿐만이 아니라 유럽과 아프리카에서도 보고된 바 있다. 그러
나 이 신기한 현상들을 아직도 해명하지 못하고 있는 것 또한 과
학계의 현실이다. 종교인들은 이것을 이교도의 악마적인 의식으
로 매도하고 있지만 의식을 행하는 사람들은 그들의 깊은 믿음
때문에 성령의 보호를 받기 때문이라고 주장한다.

굳이 해석하자면 이러한 일들은 평소의 믿음에서 오는 염력의 산
물로 잠재의식을 통해서 이루어진다고 설명할 수 있다. 그들은
해마다 행하는 의식을 통해서 자신을 수호해 줄 성聖콘스탄틴의

'염력의 파장'을 만들어온다는 사실이다.

의식儀式을 시작하면 이 '염력의 파장 무리인 염체'가 그들의 의식 속에 들어온다. 다시 말하면 집단적 염체는 접신의 형태로 나타나서 '무당의 작두타기 놀음'과 같은 현상이 시작된다. 자신들의 발과 몸에 농축된 기운의 에너지가 층으로 감싸면서 그것이 단열작용을 하게끔 하는 것이다. 그들이 자신도 깨닫지 못한 채 실제로 하고 있는 것은 신유의 현상이 아니라 접신의 한 형태이다.

도가, 요가, 수피 등도 나름의 초능력을 나타낼 수 있다. 초능력이란 물질의 법칙을 벗어난 이상하고 괴이한 일의 총칭이다. 고로 어떤 형태의 수행기법이든지 몰입과 정진을 지속하면 초자연적인 에너지, 즉 염력의 파장을 만들어 신비를 보여줄 수 있다. 그러나 그것은 맹신자를 만드는 이벤트로서 보여주기 위한 눈요깃감에 불과한 영적인 사건일 뿐이다.

불교에서 하늘의 세계를 33천으로 나누어 설명하는 것도 이 때문이다. 밑에서 보면 영적인 일로 신비한 하늘의 세계일 수도 있지만 깨달음의 위치에서 내려다보면 모두가 쓸모없는 에너지의 단계, 즉 귀신놀음일 따름이다.

무속인은 영적 세계에 몰입하고 선승은 깨달음의 세계를 추구한다. 불교가 다른 종교와 다른 점은 수행의 핵심방법이 의식의 활용 유무에 중점을 두고 있다는 점이다. 기도와 염원은 의식을 동원하여 '상相을 만들어 그들에게 구하고 의지하면서' 생각의 파장인 염력을 만들면서 자연스럽게 영적 세계와 접속이 된다. 그러나 불교에서는 '의식의 작용이 없는 집중'을 통하여 오직 오염되지 않는 마음만이 법계로 진입할 수 있음을 강조한다.

법력과 카르마(업장)

초자연계의 모든 세계는 진동하는 주파수가 각기 다르기 때문에 공간이 겹쳐도 각기 따로 영역이 정해진다. 라디오 주파수와 TV 채널의 주파수가 같은 공간에 산재할 수 있는 이치와 같다. 심령계는 기운의 에너지로, 법신계는 법력의 에너지로 존재한다. 다만 법계를 진입하기 위해서는 어느 누구도 영계를 통과하지 않으면 불가능하다. 법계는 영혼의 등급과 이어져 있는 탓에 반드시 심령계를 통과해야 하는 절차가 필요하다.

영혼은 이해할 수 있지만 법신에 대한 의문점이 생긴다. 그럼 법신은 어디에 존재하는가? 물론 우리 몸 안에 있는 또 다른 몸의 일부임에는 틀림없다. 하지만 그것은 지상의 경험에 의해 채색되지 않은 우리의 순수한 부분으로 서양철학에서 말하는 '인간이라는 이데아'를 초월한 모든 표현 너머에 있다. 그것은 태어난 적도 없고 죽지도 않는다. 그것은 절대자의 본성本性과 질적으로 동일한 우리 자성自性의 일부분이다. 법신은 우리의 신성한 본질이며 영원불멸하다.

법계에 진입하기 위해서는 심령계를 반드시 통과해야 한다. 심령계는 영혼의 세계일뿐더러 이곳은 지난 생의 카르마가 존재하는 곳이다. 카르마는 지난 생의 잔재가 에너지로 밀봉되어 현재로 이전되면서 오늘의 삶을 지탱하는 파수꾼이다. 이들은 유전적인 소양으로 등장하는 개인의 성격, 그리고 질병과 장애의 근원으로 빙의령의 현주소이다.

업장(카르마) 소멸을 하지 않고는 법계의 진입이 불가능하다. 그래서 그들을 제압할 수 있는 힘인 법력이 무조건 필요하다. 그렇다면 법력은 어디서 오는 걸까? 법력은 청정에서 나오며, 청정은 마음을 비우는 것에서 시작된다고 불전은 전한다.

마음을 작게 더 작게 가질 때 맑음이 드러난다. 금욕이나 채식, 생명의 존중은 수행자의 근본이다. 하지만 육체적 맑음은 상징일 뿐이며 법력과는 상관없다. 오직 길이 있다면 무심의 정진만이 맑음을 얻을 수 있을 따름이다.

우주법계는 원초적 맑음의 에너지로 가득 차 있다. 그것은 앞서 간 스승으로부터 후학들에게 전달될 수 있으며, 또 두뇌의 고급 경혈(백회)의 개혈로써만 비로소 연결된다. 정신집중은 에너지를 만들고 '의식의 쉼'은 맑음을 창출한다. 일심의 정신집중에서 일반적 무심이 아닌 무위로 진행되면 두뇌의 고급경혈은 저절로 개혈된다. 경혈을 개혈하겠다는 생각조차 없다. 그저 정진만 있을 뿐이다. 무심의 정진만이 두뇌의 고급경혈을 개혈할 수 있는 것은 오로지 '함이 없는 함'으로 진행되기 때문이다.

수행자는 침묵의 정진에서 염력이 아닌 맑음으로, 조각가가 정성껏 작품을 만들듯 스스로의 의식을 쉼 없이 다듬어간다. 그러면 어느 날, 지금까지 느끼지 못하던 가슴의 답답함이 불현듯 나타난다. '정신집중의 부산물인가?'라고 의심해보지만 이것은 맑음이 만들어내는 첫 번째 카르마의 신호이다.

답답함은 가슴의 멍울로 전해지면서 의식은 저절로 관觀으로 형성된다. '아니! 어디에 숨어 있던 카르마란 말인가?'

카르마란 지난 생의 행적이 에너지로 밀봉되어 지금의 육신에 이월된 갚아야 할 빚이다. 비행기의 블랙박스처럼 우리의 간장肝腸에 자리를 잡고 있다가 맑음의 신호에 따라 하나씩 가슴 중앙으로 그 모습을 드러낸다.

관觀의 완성은 실재에 대한 우리의 각성수준이 최고도로 도달했음을 의미한다. 이처럼 고도의 진동 차원에 이르면 카르마는 분해되고 시공을 초월한 법계의 언저리에서 각성된 의식은 수행 중 나타나는 전생화면의 스토리를 간단히 나타내곤 한다. 본인 스스로 경험적으로 검증해야 할 소설 같은 얘기지만 수행자 자신이 일정한 각성수준에 도달했을 때만 비로소 검증될 수 있을 것이다.

4.

종교와 수행

종교와 수행은 성격 측면에서는 같지만 차원이 조금 다르다. 종교가 대중적인 차원이라면 수행은 엘리트를 양성하는 고급단계라 하겠다. 따라서 종교가 초대받은 손님이라 한다면 수행은 선택받은 자들이라 할 수 있다. 수행의 제일 위대한 점은 그것이 일체의 종교성을 초월해 있으면서도 일체의 종교성이 그 속에 내포되어 있다는 점이다.

그러자면 수행의 조건은 먼저 자기의식 속에 있는 종교적 틀을 한쪽으로 제쳐 놓아야 한다. 덧붙이자면 먼저 자신이 가지고 있는 정치·사회·종교적인 편견과 감정을 버려야 한다. 그런 선입관과 견해를 떠나서 객관적이고 이성적인 자세가 될 때, 비로소 수행자들의 세계가 환상도 자기도취도 아닌, 사실상 현실의 더 실제적인 일면이라는 확신을 다져가는 계기가 될 것이다.

여타 종교에서는 단지 '그'만 가능하며, 우리는 '그'의 도움을 기다려야 한다. 모든 것은 '그'를 따라야 하며 '그' 외에는 모두 옳지 않다고 생각한다. 그러나 종교의 믿음이란 누구에게 의지하거나 구하여 얻어 가지는 것이 아니라 스스로 깨달아 스스로 성불하는 자세인 것이다. 이것이 바로 불교정신이다.

황금부처를 모셔 놓고, 부처님께 절하고 기도해야 한다는 것은 너무나 잘못된 생각이다. 부처나 보살이 자기를 굽어 살필 것이라고 생각하지만 사실 부처는 그런 일에 절대 관여하지 않는다. 부처가 말해 줄 수 있는 것은 스스로를 보호하면서 깨달음의 수행길로 인도하는 것뿐이다.
이런 점은 우리가 가진 전통적 사고방식인 "하늘은 스스로 돕는 자를 돕는다."는 것과 동일하다. 복福이란 스스로 구하는 것이니 스스로 도운 후 하늘이 돕는다. 말하자면 자신이 스스로 도운 후에야 부처도 그를 도울 수 있다는 게 수행의 본질이다.

정신통일

집중은 그 형태가 각기 다르다. 이것은 일정한 시간 동안 어떤 잡념도 끼어들지 않는 가운데서 하나의 심상心相에 마음을 모을 수 있는 능력이다. 과학자도 집중을 하지만 그것은 하나의 초점이나 심상에 마음을 고정하는 집중이 아니라 한 생각에 다른 생각이 꼬리를 물고 이어지는 그런 종류의 집중이다.

그런데 정신집중의 결과가 단지 깨달음과 연결되는 것이 아니라 어떤 영적인 것과 동조한다는 사실에 조금은 혼란스러울 것이다. 이제 차근차근 그 이유를 알아보자. 불교에서 굳이 수행의 방법론을 언급하는 까닭도 이 때문이다. '평상심이 도道'라는 법어처럼 기법이나 비법의 생각은 마음을 오염시키는 주범으로 낙점하고 있다.

일반적으로 우리의 생각은 목표점을 정해 '그곳에다 구하고 의지하는' 것이 통상적이다. 이러한 생각은 염력을 만들고, 염력은 생각의 파장을 진동시킨다. 예컨대 단전호흡을 통해서 만들어지는 기는 우리의 마음이 재료가 되어 만들어지는 파장의 에너지이다. 따라서 모든 생각과 욕망은 인간의 육체와 영혼의 결합체에서 나온 까닭에 심령적 에너지를 지니고 있다. 일단 이 염력의 파장들이 만들어지면 그들과 주파수가 동일한 영적인 세계와 접속함으로써 일정한 형태의 고유한 수명을 지닌 빙의령으로 존재한다.

모든 생각이나 감정은 파장으로 바뀌면서 염파의 집단(群)이 된다. 그래서 염파무리(염체)는 그것을 투사한 사람과 동일한 주파수로 진동하는 다른 사람들에게 힘을 미칠 수 있다. "여인이 한을 품으면 오뉴월에도 서리가 내린다."는 옛 속담이 이를 증명하는 듯하다.

한이 서린 염력과 영적인 세계가 합류함으로써 만들어진 염체는 그것을 투사한 사람과는 별개의 독립성을 가지며 고유한 수명과 형체를 지니고 존재한다. 이것은 마치 컴퓨터 바이러스가 악성코드로 변하여 장애를 일으키는 현상과 비슷하다. 바로 빙의령의 출몰이다.

수행에서 명상과 자기성찰 등 마음공부를 중요시하는 까닭이 여기에 있다. 수행자는 일반인과 달리 집중의 강도가 달라 염력의 범위가 넓고 클 수밖에 없다. 그래서 수행자의 마음은 '배부른 사자가 얼룩말 보듯이' 응당 머무름 없는 마음이어야 한다. 생각은 한순간에 파장을 만들어 욕망의 어둠 속에 잠자고 있는 악령을 일깨워 수행자가 심령계를 벗어나지 못하게 한다.

그렇다면 수행자들은 자기분석과 적절한 명상수행을 통해 이타적이며 자비로운 생각만을 지켜나가면 되는 것일까? 한마디로 그렇지 않다. 왜냐하면 생각 그 자체가 영적인 사건으로, 생각이 바로 마구니이기 때문이다.

'금덩어리가 아무리 귀하다 해도 눈에 들어가면 티끌에 불과한 것'처럼 자비의 마음이나 측은지심惻隱之心은 생각의 파장일 뿐이다. 불가에서 집착을 버리고 무심無心을 요구하는 이유가 따로 있다. 생각으로 빚어진 염력은 그 자체가 신통일지라도 심령계의 관할로 유한적인 것이지만 '구하지 말고 의지하지 말며 상相을 짓지 않는' 무심은 염력이 아닌 법력을 만들기 때문이다.

종교와 사회학

종교는 신의 존재를 인식하는 것에서 시작한다. 특히 가톨릭에서는 하나님의 존재를 믿음으로써 의지하며 마음의 평화를 얻는다.

"하늘에 계신 우리 아버지
아버지의 이름이 거룩히 빛나시며

그 나라가 임하시며

아버지의 뜻이 하늘에서와 같이 땅에서도 이루어지소서

오늘날 우리에게 일용할 양식을 주시고

우리에게 지은 죄를 우리가 용서하듯이

우리 죄를 용서하시고

우리를 유혹에 빠지지 말게 하시고

악에서 구하소서. 아멘."

'주主기도문'은 하나님의 나라를 인정하고 그것을 받아들이고, 의지하는 것으로써 내세來世의 구원을 약속한다. "하나님의 존재를 믿습니까?" 하고 질문하는 고 김수환 추기경의 질문에 "죄송하지만 아직은 자신이 없습니다." 하며 계면쩍은 미소를 띠던 가톨릭 신자인 당시 현직 대통령의 TV 영상이 떠오른다.

신앙의 종교는 믿음이 주가 되어야 한다. 믿음 뒤에는 교리와 책무가 따른다. 신자 스스로 교리를 믿어야 하는 것이 불문율이다. 전통적으로 전해오는 수준 높은 형이상학적 교리의 참뜻을 굳이 재발견할 필요도 없다. 오로지 사랑과 관용, 자비로써 믿음을 대신해야 한다.

종교를 달리 말한다면 '맹목적인 신앙행위에 의해 받아들여진 어떤 교리에 집중하는 행위'라고도 표현할 수 있다. 만약 종교라는 것이 신자 스스로 그 교리의 참뜻을 재발견할 필요가 없거나, 맹목적인 신앙행위에 의해 받아들여진 어떤 교리에 집착하는 것만을 의미한다면 곧 복을 기원하는 염력과 다름없다.

목회자들은 봉사와 기도로써 일생을 보낸다. 신앙인들의 기도나 염불도 종교적인 이데올로기를 빼고 나면 정신집중이 우선이다. 열정적인 기도와 믿음만이 하나님을 만나고 부처를 만나 구원을 약속받고 그 증표로 치유의 은사 혹은 기적의 사례를 재확인할 수 있다.

이와는 반대로 인문사회학은 과학의 바탕 위에 비평을 우선하며 믿음의 신앙을 비과학적인 것으로 몰아세우고 있는 추세이다. 그러면 종교는 필요악이며 사회학만이 과학적인가? 물론 그렇지는 않다.

굳이 그것을 논하자는 얘기는 아니다. 종교가 지향하는 사랑과 자비가 인류의 현재와 미래를 책임지고 있는 것 또한 사실이니 다만 여기서는 정신세계의 엘리트집단을 위한 수행법을 설명하고자 할 따름이다.

그렇다면 사회학만이 인류를 구할 수 있다는 말인가? 물론 그것도 아니다. 종교는 믿음으로, 그리고 사회학은 비판이 아닌 비평으로 자기의 책임을 다한다. 하지만 수행은 믿음도 아니요, 비평도 아니다. 이것은 몸소 실천함으로써, 오직 있는 모습 그대로를 보는 것으로 선입견과 분별심을 배제한다. 따라서 주관적 견해를 벗어나는 것을 전제로 한다.

영혼과 법신

영혼은 죽음 뒤에 나타나는 혼령을 의미한다. 그래서 영적인 일은 무당이나 전문 종교인들을 연상하며 우리의 일상사와는 무관하다고 생각한다. 더구나 영靈의 낌새를 알아채고 또 볼 수 있다는 것은 좀체 상상할 수 없는 사건이다. 그동안 이런 일들은 신비주의자들이나 호기심 많은 사람들이 흥미를 일으키도록 만든 환상의 세계로 비과학적인 것이며 미신이라고 여겨왔다.

그러나 굳이 무속巫俗이나 종교와 관계하지 않는 수행자들이라도 지속적인 명상을 통해서 영적인 체험을 할 수 있을 뿐만 아니라 또 실제로 영혼을 볼 수가 있다. 물론 기운이 극도로 허하거나 심한 열병을 앓고 난 이후 섬어(譫語, 헛소리)나 환청, 심지어 환영을 볼 수도 있지만 그것과는 전혀 다르다.

우리가 영혼의 세계가 존재함을 믿을 수밖에 없는 것은 죽음을 마주하면 육체와 분리된 생명력을 인정하지 않을 수 없게 된다. 그렇다면 영혼의 세계인 심령계는 인정한다 해도 법신계까지는 조금 무리한 발상이지 않을까라고 생각할 수도 있다.

맹자의 성선설은 우리 인간의 순수성을 대표하는 학설로 유명하다. 형이상학적인 부분에 다소 소홀한 유교는 '순수성'으로 영혼 등 눈에 보이지 않는 세계를 대신하려고 한다. 하지만 불교에서는 의미심장한 말로 법계를 언급한다.

법계란 깨달은 이들만이 갈 수 있는 초월적 세계, 즉 절대계를 설명하고 있다. 또 기독교의 성경은 〈사도 바울의 편지〉에서 나오는 '육신 속의 또 다른 나', 양심의 소리에서 신의 성품을 띤 법신계의 존재를 희미하게 인정하고 있다.

마음의 법과 육체의 법

"우리가 아는 대로 율법 자체는 영적인 것입니다. 그런데 나는 육정肉情을 따라 사는 사람으로서 죄의 종으로 팔린 몸입니다. 나는 내가 하는 일을 도무지 알 수 없습니다. 내가 해야겠다고 생각하는 일은 하지 않고 도리어 해서는 안 되겠다고 생각하는 일을 하고 있으니 말입니다. 그런데 그런 일을 하고 있으면서 그렇게 해서는 안 되겠다고 생각하는 것은 곧 율법이 좋다는 것을 인정하는 것입니다.

그렇다면 그런 일을 하는 것은 내가 아니라 내 속에 도사리고 있는 죄입니다. 내 속에 곧 내 육체 속에는 선善한 것이 하나도 들어 있지 않다는 것을 나는 알고 있습니다. 마음으로는 선을 행하려고 하면서도 나에게는 그것을 실천할 힘이 없습니다. 나는 내가 해야겠다는 선은 행하지 않고 해서는 안 되겠다고 생각하는 악惡을 행하고 있습니다. 그런 일을 하면서도 그런 일을 해서는 안 되겠다고 생각하고 있으니 결국 그런 일을 하는 것은 내가 아니라 내 속에 들어 있는 죄입니다.

여기에서 나는 한 법칙을 발견했습니다. 곧 내가 선한 일을 할 때에는 언제나 바로 곁에 악이 도사리고 있다는 것입니다. 나는 내 마음속에서 하나님 율법을 반기지만 내 몸속에는 내 이성理性의 법과 대결하여 싸우고 있는 다른 법이 있다는 것을 알고 있습니다.

그 법은 나를 사로잡아 내 몸속에 있는 악마의 종이 되게 합니다. 나는 과연 비참한 인간입니다. 고맙게도 하나님께서 우리 주 예수 그리스도를 통하여 우리를 구해줍니다. 나는 과연 이

성으로는 하나님의 법을 따르지만 육체로는 죄의 법을 따르는 인간입니다."

_「로마서」 7:13-25

사도 바울이 말하는 죄의 법이란, 사람의 몸이 지니고 있는 짐승의 성질인 탐욕과 성냄, 그리고 식색食色의 어리석은 욕망, 수성獸性을 말한다. 육신의 몸으로 태어난 인간은 본래가 짐승과 다름없어 영혼 자체도 언제나 악과 친해지려고 한다. 인간의 의식과 육신은 주종관계로 육신의 주인은 영혼이다.

이러한 육신과 영혼이 진리의 말씀을 찾아 영원한 생명에 참여하는 길은 오직 하나, 하나님으로부터 보내지는 성령聖靈으로 거듭나서 몸과 영혼의 수성獸性을 다스리는 길뿐이다. 우리의 영혼은 원래부터 악하거나 선하지 않은 중립적 존재이다. 오로지 정신집중을 통해 마음을 다스리는 수행으로 불성(성령)을 만날 때 비로소 영혼의 맑음을 얻을 수 있다. 영혼의 맑음이 법신이 된다.

좁은 문

불교의 승려나 가톨릭의 사제는 모두가 고행승이다. 그들은 오직 존재의 근원을 찾아 구도求道의 길을 가고 있다. 출가 동기야 각기 다르겠지만 어쨌든 궁극적인 목적은 '삶이란 무엇인가?'라는 존재의 의문일 것이다. 특히 동물의 최대 본능인 성性생활과 세속의 향락을 포기하고 그 길로 나선다는 것은 분명 숙명적임에 틀림없다.

이 모든 것의 모범답안은 석가이다. 그 누구도 해내지 못한 엄청난 비밀의 세계를 몸소 체험하고 그것들을 우리에게 제시하고 있지 않은가! 석가는 나서 죽는〔是生滅法〕 상대적 존재인 육신에서, 나지 않고 죽지 않는〔不生不滅〕 절대적 존재인 진리의 세계〔法界〕를 찾았다. 그래서 부처가 되었다. 그것은 하늘의 이치〔眞理〕이며 깨달음이다.

그러나 오늘의 불교는 부처의 구경究竟의 가르침과는 거리가 멀다. 부처의 신상身像을 만들어 모셔 놓고 절을 하고 있다. 그리고는 예불이라며 승속僧俗의 구분 없이 신앙의 최고 가치로 존중한다. 이것은 부처도 모르는 일이요, 가르친 바도 없다. 예불이 성도成道의 중심이라고 생각하지만 깨달음은 성불成佛이지 예불禮佛

이 아니다.

기독교도 마찬가지이다. '육신의 나'에서 성령으로 거듭난 예수 그리스도의 신앙사상과는 별도이다. 십자가와 예수의 신상을 모셔 놓은 웅장한 건물 속 교회에서 장엄하고 엄숙한 미사로 예수의 가르침을 되새긴다. 하지만 변질된 일부 종파는 일신교로 타락하여 '내 가족 내 친지'의 복을 빈다. 그래서 기복祈福 신앙이 되었다. 이것 역시 예수 그리스도는 가르친 일도 없고 시킨 바도 없다.

이름난 교회 앞마당에, 소문난 불교선원의 주차장에 고급차와 외제차가 즐비하다. 하나님에게, 부처님에게 기도하고 공양하는 것이 복을 짓는 것이라며 하루도 빠짐없이 출근한다. 신앙을 가지는 것은 좋은 일이다. 그러나 기복을 추구하는 행위는 복을 짓기보다는 오히려 복을 깎아먹는 행위와도 같다.

신앙생활은 어디에 소속되어 매여야만 되는 것으로 아는데 그것은 잘못된 생각이다. 하늘의 이치인 진리를 찾아 자유인이 되자는 것이 신앙이다. 어디에 매이는 것은 노예가 되는 것이지 자유가 아니다.

우리는 석가와 예수가 살던 시대로 되돌아가야 한다. 그들이 목숨 걸고 추구했던 깨달음의 법法과 신앙사상을 부활시켜야 한다.

그래야만이 우리도 하나님이 되고 부처가 될 수 있는 길을 발견할 수 있다.

부처와 예수의 진리의 말씀과는 거리가 먼 오늘의 고등종교는 사실상 기복신앙이다. 수행자라면 마땅히 나지 않고 죽지 않는 영원한 생명의 절대 진리를 찾아 매진해야 할 것이다.

> "좁은 문으로 들어가거라. 멸망에 이르는 문은 크고 또 그 길이 넓어서 그리로 가는 사람이 많지만 생명에 이르는 문은 좁고 그 길은 험해서 그리로 찾아드는 사람이 적다."
> _「마태복음」 7:13-14

원시전통의 명상 1

원시시대부터 내려오는 이 전통은 비록 샤머니즘과 연결되지만 인간의 본성 자체에 뿌리를 두고 있다. 어떤 특별한 문화나 시대에 따라 풍미했던 온갖 철학적 경향이나 유행, 또는 양식 같은 것과는 별로 관계가 없다.

문명의 위대한 신비가나 스승들, 그리고 모든 시대의 선각자들이 모두 이 전통을 드러내왔다. 소위 말하는 전통 무속신앙이다. 그런데 이제는 명상이라는 이름으로 인류역사상 처음으로 대중이 이 원시시대부터 이어져온 전통을 접할 수 있게 되었다.

우리는 어쩌면 르네상스와 계몽운동을 합친 것보다도 더 심오하고 중요한 인간의식 변혁의 경계선상에 서 있는 것은 아닌지 모르겠다. 우리는 스스로 생각하는 것처럼 그렇게 무지하게 살다가도록 운명 지어진 무력한 피조물은 아니다. 어쩌면 천문학자들의 우주만큼이나 광대한 세계가 우리 내면에서 발견되기를 기다리고 있을 지도 모른다.

우리는 첨단과학의 시대에 살고 있는 현대인이다. 우주의 신비를 매일 접하고, 식탁 위에 오른 유전자가 변형된 콩을 두려워하는 세대이다. 과학에 빠져 있고 물질만능의 가치관에 매몰된 일상에 영혼의 세계를 언급한다는 자체가 무리일지도 모른다. 결국 눈에 보이는 현실 외의 다른 현실은 그 존재 자체를 인정하고 싶어 하지 않는 셈이다.

하지만 종교는 현대인에게 인성人性의 중요성을 가르치며 물질보다는 인간의 존엄성을 일깨우고 있다. 한편 일탈에서 벗어난 명상가와 요가의 수행자, 기수련자들은 우리가 과학과 기계론적 환상에서 벗어나도록 또 다른 현실에 대한 전망을 수행으로 제공한다.

그럼 수행이란 무엇이며 어떻게 하는 것인가? 가만히 눈을 감고 정신통일만 하면 되는 것일까? 일상적 의식 상태에 머물러 있는 보통사람들은(본인들은 부정하겠지만) 일종의 가최면 상태에 있다고 말할 수 있다. 곧 매일 똑같이 반복되는, 먹고 살기 위해서 일상의 일에 쫓기는 기계적인 존재수준에 있다.

일상적 의식 상태는 환경이 외부세계의 일에만 묶여 있어서, 보다 중요한 자기 내면의 세계에 대해서는 까맣게 모르고 있는 상태를 말한다. 자기의 진정한 자아를 알지 못하고 오로지 물욕이나 출세욕, 권세욕에만 들떠 있다. 이처럼 자기성찰이 부족한 상태가 사람들을 외부세계의 노예로 만들 뿐 아니라 심지어 파괴적인 자기암시에 빠져들게 하고 있는 것이다.

정신집중을 통한 명상은 스트레스 해소는 물론 자기분석을 통해 자신의 에고를 극복하고 잠재의식 속의 파괴적인 생각과 욕망을 통제하는 방법을 가르치고 있다. 그뿐만 아니라 수행의 방법론을 중시하면서 기氣적 능력, 심령적 능력 그리고 불가에서 설하는 깨달음으로 가는 길을 안내하고 있다.

현대인의 복잡한 사회구조상 스트레스를 피할 수는 없다. 명상은 이러한 심리적인 압박감에서 해방될 수 있는 자유인의 소양을 양성하는 것이다. 눈물의 화학적 성분을 보면 매운 양파를 썰 때 강제로 나오는 눈물은 슬퍼서 흘리는 눈물과는 그 화학적 성분이 분명 다르다고 한다. 양파를 썰 때 나오는 눈물에는 독성이 없지만 슬픔의 눈물에는 진짜 독이 들었다는 것이다.

우리의 사회적 통념상 남자는 슬퍼도 울면 안 된다는 편견이 있다. 그래서 울지 못하는 남자들이 여자들보다 위궤양에 걸리는 비율이 더 높다는 학자들의 주장이 있다. 여자들은 자신의 감정을 더 쉽게 표출함으로써 체내의 독을 배출하지만 남자들은 그렇지 못하다는 것이다.

원시전통의 명상 2

'원시전통의 명상'은 오래 전부터 전해오는 유사 종교의 근원이다. 물론 미신적인 면이 대부분이지만 그 중에서 배척해서는 안 되는 순수 전통이 존재한다는 것이다. 우리는 과학주의에 너무나 빠져 있어서 '원시전통'이라 부른 그것을 망각해버렸다.

원시전통은 우리가 지닌 기계론적인 우주관에 가장 큰 도전장을 던질 수 있다. 그것은 우리가 과학적 물질주의라는 굴레를 스스로 벗어날 수 있도록 자극을 준다. 현실 속에 또 다른 현실이 있다는 것을 과학은 믿지 않는다. 신비적 현상들은 과학적으로 증명하기 어렵다.

수행자들을 현실도피나 신비주의라 폄하하거나 환상이니 허구니 하며 내몰아도 인간이 자각하는 상태는 인간의식의 최하층 밑바탕에 지나지 않는다는 것을 어렴풋이 깨닫기 시작하도록 우리는 그 길을 개척하고 계몽하며 일생을 바칠 것이다.

정신을 집중하는 명상수행은 우리가 의식하지 못하고 있지만 우리 주변을 온통 둘러싸고 있는 다른 세계들에 대한 우리의 의식을 일깨우는 것이다. 눈에 보이는 현상계는 3차원이지만 또 다른 차원의 세계가 존재할 수 있다는 가능성을 열어 둔다. 따라서 수행은 우리의 의식을 현실 속에 갇힌 협소한 의식에서 벗어나도록 도와주는 것이다.

하지만 수행의 가치를 어디에다 둘 것인가를 재고할 필요가 있다. 불교와 기독교는 서로 각기 다른 개념을 가진 종교이다. 사랑과 자비, 인성을 다루는 부분은 같으나 목적지가 각기 다르다. 한편 성서에 바탕을 둔 신흥교회는 사회적 물의를 일으키는 중요 이슈가 되기도 한다.

정신계를 연구하고, 선망하는 학자들은 진리와 개인간의 관계에 있어서 최종적 판단의 기준은 경험 그 자체에 두어야 한다고 주장한다. 진리의 경험이라고 말할 때, 그것은 초월적인 종류의 경험이 아니라 현실과의 만남을 말하는 것이다. 영적으로 발전해갈수록 객관적인 지식을 더 많이 얻을 수 있다고 주장한다.

'객관성의 문제는 영적 발전의 문제이지 어떤 방법론을 적용하느냐의 문제가 아니다.'라며 방법론을 무시한다. 덩달아 종교적 기적의 사례이며 간증을 앞세워 반드시 경험적으로 증명해볼 기회를 주는 쪽을 선호한다.

그러나 이곳에서 오류가 발생한다. 그뿐 아니라 시중에 범람하는 각종 명상, 요가, 기수련 등은 지향하는 바는 같으나 목적지는 서로 다른 것 같다. 반면 불전佛典은 집중의 방법론이 심령계와 법신계를 나누고 있음을 자세히 설명하고 있다. '구하지 말고 의지하지 말며 상相을 짓지 않는' 마음만이 영계를 제도하고 법계로 나아감을 진리라 말한다.

"내가 이 세상을 떠난 뒤에 어떤 사람이

나는 몸소 여래如來에게서 듣고,

또 여러 조사祖師에게서 듣고,

혹은 한 사람의 스승에게서

이와 같은 법法을 배웠다고 말하는 자가 있더라도

너희들은 그것을 들은 뒤에는

경經에 의지하고,

율律에 의지하고,

법法에 의지하여,

그것이 거짓인지 참인지 생각하여라.

그리고 그 본本과 말末을 연구하여야 한다.

만일 그가 설한 것이

경經에도, 율律에도, 법法에도 의지한 것이 아니면

그것은 악마惡魔의 설인 것이다.

그러므로 너희들은 바른 여래의 가르친 말로써 이것을 밝히고

그 사람으로 하여금 경經을 듣게 하고,

율律을 받게 하여, 법法을 지키는 것이 좋을 것이다.

그가 만약 경經과 율律과 법法을 따르지 않거든

너희들은 이것을 쫓아내지 않으면 아니 된다.

왜냐하면 악독惡毒한 풀을 뽑아 버리지 않으면

좋은 싹이 상처를 입는 까닭이다.”

_『불반열반경』

유령 잡는 과학자들(조선일보 사이언스 카페)

영국의 프랭크 스마이드는 1930년대 세 차례나 에베레스트 원정대에 참가한 등산가이자 시사주간지 타임의 기자로도 활동한 저술가다. 몸과 마음이 모두 건강한 이상적인 지식인이었던 그가 산에서 유령을 만났다고 했다. 1933년 에베레스트 단독 등반 도중 내내 누군가 같이 있는 느낌을 받았다는 것이다. 그 느낌이 너무 생생해 먹고 있던 케이크 조각을 건네기도 했다는 것이다.

이탈리아의 라인홀트 메스너Reinhold Messner는 히말라야의 8,000미터 이상 고봉을 의미하는 14좌 모두를 최초로 정복한 전설적인 등산가이다. 그도 말하기를 1970년 동생과 둘이서 낭가파르바트의 루팔 벽을 최초로 오르고 내려오는 길에 '세 번째 사람'이 갑자기 뒤에서 나타났다고 했다. 정말 사람들이 말하는 것처럼 산에서 죽은 사람의 영혼이 유령이 되어 등산가들을 따라다닌다는 것일까?

스위스 로잔연방공과대학교의 올라프 블랑케Olaf Blanke 교수는 과학계의 대표적인 유령幽靈 사냥꾼이다. 그는 영혼이 몸에서 빠져나오는 '유체이탈'이나, '나'처럼 행동하는 또 다른 '나'인 '도플갱어Doppelganger' 같은 심령현상이 모두 뇌 기능에 문제가 생겨 일어난다고 주장했다.

그가 이번에는 등산가들이 산에서 마주친 유령을 잡으러 나섰다. 그는 먼저 보이지 않는 존재가 함께 있다는 느낌을 호소한 12명을 분석했다. 이들은 뇌의 측두엽, 섬엽, 전두-두정 피질이 손상되어 있었다.

앞선 연구에서 블랑케 교수는 측두엽의 손상은 유체이탈을, 섬엽의 손상은 도플갱어를 부른다는 사실을 밝혀냈다. 두 영역 모두 밖에서 온 감각신호를 몸 안의 신호와 통합해 내 몸에 대해 자각할 수 있게 해준다. 여기가 손상되다보니 내가 내가 아니게 된다는 것이다.

그렇다면 유령에 특화된 영역은 전두-두정 피질로 볼 수 있다. 이곳은 감각과 운동 정보를 통합하는 영역이다. 블랑케 교수는 두 정보의 통합에 문제가 생기면 일반인도 유령을 보지 않을까라고 생각했다. 이를 입증하기 위해 로봇실험을 고안했다.

먼저 건강한 지원자에게 손가락으로 로봇 손을 움직이도록 했다. 안대와 귀마개를 해서 시각과 청각 정보를 차단했다. 로봇 손이 움직이면 그에 맞춰 촉감을 손가락에 전달했다. 로봇 손은 하나가 더 있었다. 이 로봇 손은 손가락으로 움직인 로봇 손의 동작에 지원자의 등을 건드렸다.

지원자가 움직이는 로봇 손과 등 위에 있는 로봇 손의 동작에 시차가 없을 때는 아무 일도 일어나지 않았다. 하지만 등 위의 로봇 손이 0.5초 늦게 반응하자 17명 중 5명이 방에 누가 있다고 말했다. 놀라서 실험을 중지하라고 외치는 사람도 있었다. 손가락에 촉감을 주지 않고 실험을 하자 16명 중 14명이 누군가 뒤에 있다는 느낌이 든다고 말했다.

블랑케 교수는 지난 6일 국제학술지 '커런트 바이올리지Current Biology'에 발표한 논문에서 "결국 유령은 운동과 감각 정보가 일치하지 않을 때 뇌가 일으키는 혼돈"이라며 "등산가들이 유령을 자주 보는 것도 같은 이치"라고 설명했다. 에베레스트를 오르는 등산가는 극도의 피로와 산소부족, 흰색의 눈밖에 보이지 않는 감각상실상태에 놓인다. 운동과 감각 정보가 통합되기 어려운 조건이다.

과학자 중에서 블랑케 교수처럼 이름난 유령사냥꾼이 많다. 19세기 영국의 물리학자 마이클 패러데이Michael Faraday도 전기모터와 발전기의 원리가 된 전자기유도현상을 발견했다. 당시 영국 사회에서는 각종 심령술 모임이 만연했다. 사람들은 이 모임에서 유령이 탁자를 움직이는 것을 지켜봤다.

패러데이는 이를 사람들이 자신도 모르게 근육을 움직인 것으로 설명했다. 실제로 인원의 절반에게 몰래 탁자가 오른쪽으로 움직일 것이라 말하고, 나머지 인원에게도 왼쪽으로 움직일 것이라고 말하자 탁자는 꼼짝도 안 했다. 절반씩 자기가 들은 방향으로 탁자를 움직였기 때문이다. 반면 모두가 같은 방향으로 움직일 것이라는 귀띔을 받았을 때 탁자는 그 쪽으로 움직였다.

8명의 미국의 대통령을 치료한 저명한 안과의사 윌리엄 윌머 William A. Wilmer는 1921년 무색무취의 유령을 잡았다. 그는 '미국 안과학 저널'에 H가족이 집에서 목격한 유령은 잘못 만든 굴뚝을 통해 집 안으로 들어온 일산화탄소 때문이었다고 발표했다. 적혈구는 산소보다 일산화탄소와 더 잘 결합한다. 결국 일산화탄소에 중독되면 산소 부족으로 속이 메스꺼워지고 헛것이 보이게 된다.

과학자를 직접 찾아온 유령도 있었다. 영국 코번트리대학교의 빅 탠디 교수는 1998년 동료와 함께 실험실에서 유령을 목격했다. 그러던 어느 날 펜싱 애호가인 탠디 교수가 실험실에 둔 펜싱용 칼이 미세하게 떨렸다.

탠디 교수는 유령이 환기용 팬fan에서 발생하는 초저주파임을 밝혀냈다. 사람은 진동수 20~20,000헤르츠의 소리만 들을 수 있다. 팬에서 나는 소리는 19헤르츠의 초저주파로 사람의 귀에는 들리지 않는다. 하지만 몸은 들을 수 있다. 초저주파는 위胃를 진동시켜 불안한 느낌이 들게 하고, 안구眼球를 진동시켜 실재하지 않는 존재가 보이게 한다.

탠디 교수가 팬을 끄자 실험실의 유령도 사라졌다. 과학은 언제나 기존의 이론을 의심하고 숨겨진 원리를 탐구하는 작업이다. 유령에게 그만큼 위험한 존재도 없을 성싶다.

심령계의 지배

염력은 생각의 파장이다. 생각만으로 로봇의 센서를 작동하는 실험은 이미 실용단계에 있다. 하지만 뇌파측정기를 착용하지 않고, 생각의 파장만으로 책상을 움직인다는 것은 과장된 실험의 결과이다.

우리의 목적은 미지의 세계를 탐구하는 과학자처럼 현실과 부합되지 않는 영적인 다양한 차원의 경지들을 조금씩 탐사해가는 것이다. 이것을 위한 기초단계의 하나는 우리의 현재인격을 구성하는 세 가지 신체(육체, 심령체, 법신체)를 인지하면서, 명상을 통해 영혼의 맑음을 배양하는 것이다.

우리 일상에 침투해 있다는 다른 차원의 영혼들의 존재여부는 더이상 문제가 되지 않는다. 지금의 문제는 이 영혼들의 세계를 어떻게 탐구하고 조사할 것인가, 이 영적 차원들에 도달할 수 있는 수행의 방법이 무엇인가를 연구하는 일이다.

우리의 일상적 감각 너머의 보이지 않는 세계에 대해서는 먼저 경험한 수행자들이 전해주는 이야기를 진지하게 받아들여야 한다. 지금은 정신계에 대한 변화가 필요한 시기이다. 그런 면에서 교조주의에 물들지 않는 과학과 비종교주의자들은 수행자를 배척하는 영성의 적이 아니라 큰 지원군임을 새삼 느끼게 된다.

심령계는 무속이나 신비가의 전유물이 아니다. 어떤 방법의 정신집중이라도 훈련과 시간을 통해서 누구라도 들어올 수 있다. 예컨대 기도나 염불은 물론이고 심지어는 산기도山祈禱나 자기최면으로도 영계靈界 진입은 가능하다. 우리가 '유령이다, 정령이다'라고 하는 실체를 밝히는 과학적 실험이 아직 낭만적(?)으로만 들리는 것은 초자연계의 함정을 모르는 무지의 소치이기 때문이다.

영적 세계는 신비만 있는 것이 아니다. 길을 잘못 들면 영원히 헤어나지 못할 어둠의 함정에 빠질 수 있다. 더구나 영적靈的인 진화를 주관하는 심령학자들은 과학적이며 이성적인 사유를 무시하고, 자기들의 특수 기법의 주장만을 앞세우며 수행의 방법론을 무시한다. 이 때문에 작은 신비적인 현상을 진리의 경험으로 착각, 오인하게 된다.

하지만 신비는 작은 초능력에서 깜짝 초능력까지 무궁무진하며, 탐닉하면 누구라도 영적인 침해를 받을 수 있다. 영靈 능력이 다양한 이유는 심령계가 수평으로 되어 있는 것이 아니라 수직의 등급으로 되어 있기 때문이다.

이러한 심령계를 지배하려면 정신집중은 물론 먼저 자신의 감정을 지배할 수 있어야 하고 자신의 표현을 통제할 수 있어야 한다. 불가에서는 수행의 방법론 중 가장 기본적인 탐貪·진瞋·치癡 삼독三毒의 제거, 그리고 지계와 끊임없는 정진과 지혜를 삼학三學이라면서 가장 중요시하고 있다.

나아가 '기법이나 비법을 동원한 의식의 작용'을 통제한, 오로지 '구하지 말며 의지하지 말며 상相을 짓지 않는' 무심의 정신통일만이 심령계를 제도, 지배한 후에라야 비로소 신神의 성품이 법신계로 진입할 수 있음을 밝히고 있다.

법신이란 지상의 경험에 의해 채색되지 않은 순수한 우리 자신의 부분이다. 법신은 '인간이라는 이데아'나 모든 표현 너머에 있다. 그것은 태어나지도 않고 죽지도 않는 불생불멸不生不滅의 존재이다. 그것은 본질적으로 절대자와 동일한 우리의 일부이다. 절대자가 대양大洋이라면 법신인 우리의 일부는 한 방울의 바닷물로 본질적으로 대양과 다름이 없다. 법신은 우리의 신성한 본질이며 변하지 않으며 영원한 것이다.

육체가 1층이라면 심령계는 2층, 법신계는 3층으로 구분할 수 있다. 육체가 있어야 영혼이 있고, 영혼의 점수가 법신이다. 하지만 육신의 근본은 욕망으로 채워져 있어 대부분의 사람들은 그것을 통제하지 못한다. 매일 매시간, 우리 몸은 육신을 보존하기 위해 어떻게 하면 욕망을 만족시킬 수 있을지에 대한 온갖 생각을 일으킨다.

그 결과 우리는 욕망과 생각의 손아귀에서 놀아나게 된다. 생각과 감정을 지배하지 못한다면 집착은 불 보듯 뻔하다. 따라서 정신집중을 통해 생각과 감정에 대한 지배력을 키워가는 동안 우리는 의식의 각성 속에서 영적靈的으로 성장해 간다. 영적 성숙과정 속에서 심령적 능력은 기氣의 느낌이나 맑음의 파장으로 조금씩 저절로 나타날 것이다.

"거룩한 스승이시여!
세간의 향락과 연민을 버리고
집착을 끊어 괴로움이나 즐거움에 흔들리는 일 없이

거센 흐름을 건너 이미 해탈한 현명한 당신께 원합니다.

당신의 말씀을 듣고자 많은 사람들이

여러 지방에서 모여들었습니다.

당신의 말씀을 듣고 나서야 사람들은

비로소 이곳에서 물러날 것입니다.

당신께서는 진리를 있는 그대로 알고 계십니다."

거룩한 스승은 대답하였다.

"바드라우다여,

상하, 좌우, 중간 어느 곳에서나 집착을 없애라.

세상에 있는 어느 것에라도 집착하면

그것 때문에 반드시 악마가 따라다니게 된다.

그렇기 때문에 수행자는 이것을 바로 알고 명심해서

세상에 있는 어느 것이라도 집착해서는 안 된다."

_『숫타니파타』중에서

5.

카르마

8만 4천경經으로 널리 알려진 불전佛典은 윤회설을 기조로 하여 가르침을 전한다. 신업身業·구업口業·의업意業의 업보業報로 윤회하여 태어난 것이 인생살이다. 전생前生에서 행한 신身·구口·의意 업보의 성적으로 이 세상에 나왔으니 잘살고 못살고는 전생의 업보라고 한다.

좋은 환경의 자녀들과 승승장구하는 고관대작들을 바라보면, 비교는커녕 한심하기조차 하다. 그러나 이 모든 것이 내가 뿌린 인과因果의 씨앗이라고 한다. 성서聖書에서도 "뿌린 대로 거두리라!"하며 윤회의 실상을 밝히고 있다.

윤회

윤회란 영혼의 쉼 없는 여정이다. 무속신앙과 여러 종교들도 영혼의 불멸성과 환생에 대하여 지속적으로 가르치고 있다. 불교와 힌두교는 물론 유대교에서도 윤회는 진리였다. 가톨릭의 초기 성서에서도 윤회의 가르침이 있었지만 서기 553년 제2차 종교공의회에서 윤회의 이론을 이단으로 규정함으로써 사악하다고 여기게 되었다. 이것 또한 민중을 좀 더 효과적으로 지배하기 위한 정치적인 음모였다고 주장하는 학자들도 있다.

윤회론에 기초한 죽음이란 영혼의 세계에 이르는 하나의 과정에 불과하다. 마치 옷을 갈아입는 행위와 같으니, 전혀 두려운 공포의 대상이 아니란 것이다. 또한 이러한 죽음을 이해하고 알 수 있어야만 삶의 진정한 의미도 이해할 수 있다.

죽는다는 것은 실제로 죽음에서 오는 공포감 외는 별로 실감할 수가 없다고 한다. 죽음이란 어제 입은 옷이 몸에 맞지 않거나 남루하여 다른 옷으로 다시 갈아입는 것일 뿐이다.

그래서 죽음 그 자체를 본인은 전혀 알지 못하고 죽은 줄도 모른다. 나의 죽음을 내가 모르는 그 황당함을, 또 알고 난 뒤의 그 황

망함을 대체 어찌할 것인가? 그런 까닭에 이 지구의 삶, 이승의 생활은 육신과 영혼의 존재를 함께 인식하고 한 단계 높은 영격 靈格을 갖출 수 있는 학습장임을 우리 스스로가 깨우쳐야 한다.

『원오심요』에는 생사生死를 다음과 같이 표현하였다.

"태어나는 것은 적삼을 입는 것과 같고
 죽는 것은 바지를 벗는 것이랑 같다."

육신은 인연이 다하면 산화되어 사라지지만 영혼은 에너지로 남아 계속 지속된다. 영혼의 불멸성이 중요한 까닭은 이 생애의 공덕만큼 반드시 다음 생에서 업장業障의 이름으로 이월되기 때문이다.
그러면 공功에 따라 더 좋은 환경의 인간으로 태어나기도 하고, 과過에 따라서 축생이나 미물로 환생하기도 한다. 그렇지 못하면 이것도 저것도 아닌 생을 다시 되풀이하게 되는 것이다.

죽음

살아 있는 사람 중에 완전한 죽음을 경험한 사람은 없다. 하지만 사람을 미혹하는 죽음의 속성에 대해 철학적 설명을 한 사람이 있다. 독일의 신비가이자 과학자인 루돌프 슈타이너Rudolf Steiner 가 동서고금의 서적을 통해 발췌한 사후의 삶에 대해 주장했던 대목이 시선을 끈다.

"죽음의 첫 장은 육신의 옷을 벗은 영혼이 연옥, 즉 카마로카 에 들어가서 방금 살았던 삶에 대한 재평가과정을 겪는다. 방 금 마친 생의 3분의 1에 해당하는 기간 동안 카마로카에 남아 있다. 그 기간 동안 지상에서 이루어지지 않은 모든 욕구와 아 직도 품고 있는 갈망으로 고통을 받을 것이다. 우리의 영혼인 아스트랄체는 이런 시련을 통한 순환과정을 거친 후 해체될 것이다.

또한 카마로카에서 자신이 저질렀던 모든 일을 상대방의 입장 에서 자신이 저질렀던 일을 경험한다. 예컨대 살인자는 희생 자의 입장에서 자신이 저질렀던 일을 경험한다. 우리가 누군 가를 살해했다면 우리는 자신의 죽음의 목격자가 될 것이다.

누군가를 살해하는 순간, 우리는 이미 자신이 살해될 계약서에 서명한 것이다. 칼로써 살면 결국 칼로써 죽을 것이다.

이 법칙은 물질계와 심령계에서 모두 적용된다. 현실의 세계에서 죄를 지으면 그에 합당한 죗값을 받겠지만 그 죗값은 이것으로 청산되는 것이 아니다. 물질차원에서 그 법칙을 깨뜨리는 경우에는 물질차원에서 그 계산서를 처리해야 함과 동시에 심령계에서는 그 대가를 똑같은 방식, 곧 '이에는 이, 눈에는 눈'으로 지불해야 할 것이다. 심령계도 에너지 파장의 진동의 수준만 다를 뿐 물질계와 같다."

불전佛典에서는 죽음을 단지 옷을 벗는 행위라 설한다. 하지만 보통 사람들은 죽음이란 두렵고 고통스러운 경험일 것이라고 생각한다. 그러나 실제로는 그 반대이다. 죽음의 과정은 하루 일에 지쳐서 곤히 잠드는 것과 다를 것이 없다.

심한 병에 시달리던 사람이라도 죽음의 순간에는 아무런 고통도 느끼지 못한다. 사람이 육신을 포기한 순간부터 그의 얼굴에는 맑은 정적이 떠오른다. 그리고 그는 더 이상 고통을 느끼지 않게 된다. 어떤 위대한 신비가는 이렇게 말했다. "저승사자의 입맞춤보다 더 달콤한 키스를 인간은 맛본 적이 없으리라."

죽은 후에 그 사람은 자신의 미덕과 악덕, 자신의 꿈과 열망을 그대로 지닌 채 심령계의 여러 차원 중 한 차원 계界에서 완전히 의식이 깨어 있는 가운데 생활하게 된다. 그의 인격에는 아무런 변화가 생기지 않고 다만 현실이 아닌 다른 새로운 공간에서 살게 된다. 그는 공간을 자신의 관념으로서만 인식한다.

현실이 아니지만 본인은 현실적으로 생각하는 연옥영혼이나 중음신中陰神의 환상적·주관적 공간이다. 우리가 알고 있는 그러한 공간은 더 이상 존재하지 않는 상황 속에 놓이게 된다. 다시 풀이하면, 자신의 심각한 고민에 빠진 사람들이 기차를 타고 갈 때 지나가는 풍경을 볼 수 없듯이 자신의 고민 속으로 들어가 일상을 사는 것과 같은 현상의 공간이다.

천도재란 불가에서 말하는 죽은 영혼들을 위한 제사이다. 환상의 공간에서 아직까지 현실적 고통으로 맴도는 영혼들에게 자신의 죽음을 받아들이고 영원한 영혼의 안식처로 안내하는 의식인 것이다. 이처럼 우리 내면에 존재하는 사념의 심연은 외부세계의 어떤 심연보다도 결코 작지 않다.

현재인격의 구성

우리 몸은 육체와 영혼으로 만들어져 있다. 죽음은 영육靈肉의 분리현상이다. 죽음 뒤에 우리에게 무슨 일이 일어나는지 이해하기 위해서는 영육뿐만 아니라 영혼의 맑음으로 구성된 또 하나의 몸, 법신法身을 알아야 한다. 따라서 우리는 육신만 가지고 있는 것이 아니라 실은 세 개의 신체를 가지고 있다는 사실을 인지해야 한다.

영혼의 세계인 심령체는 우리의 느낌, 감정, 그리고 욕망의 몸이다. 그것의 중심은 가슴의 전중혈(유중의 한가운데)을 기점으로한 중단전에 있다. 그곳은 지난 생의 카르마를 간직하고 있는 보관창고이며, 항공기의 블랙박스처럼 지난 생의 기록이 에너지로 밀봉되어 있는 심장의 모혈募穴이다.

또 하나의 고급영혼은 모든 욕망을 해탈한 순수의 몸으로 도덕과 양심으로 가득 차 있다. 신神의 성품을 지닌 법신계로서 지난 생의 카르마를 녹일 수 있는 심령계의 어버이로서, 중심은 상단전인 두뇌의 고급경혈(백회, 인당, 태양, 뇌호)에 있다.

눈에 보이는 현상계는 물질세계로 육체는 3차원 세계에 존재한다. 그러나 눈에 보이지 않는 영적 세계인 심령계는 4차원의 세계에, 신의 성품을 지닌 법신계는 5차원의 세계에 존재한다. 이들은 각기 다른 파장의 세 몸이지만 하나로서, 함께 현재의 나를 구성하고 있다.

육체와 영혼의 분리현상이 죽음이다. 그리고 영혼의 점수가 법신이다. 이 세 개의 몸은 각각의 몸에 상응하는 기운의 파장에 의해서 연결되어 있다. 기운은 각각의 몸을 연결시켜 주는 가교로써 서로 교감과 교류함으로써 현재인격인 나를 유지시켜주는 에너지 장이다.

죽음의 순간에 사라지는 것은 오직 물질계인 육체뿐이다. 자아를 의식하는 우리의 현재인격은 느낌과 감정을 그대로 지닌 채 영적 세계(심령계)에서 계속 존재하며 살아간다. 본인은 죽음에 대해 전혀 모르고 있다. 이런 일이 가능한 것은 우리가 또 다른 몸, 곧 심령계와 법신계를 가지고 있기 때문이다.

우리가 죽음이라고 부르는 시점에서 육체를 버려도 우리는 다른 두 개의 몸 ─ 감정과 양심의 몸 ─ 을 가지고 계속 살게 된다. 우리는 그곳에서도 이 세상에서와 비슷한 모습으로 보일 것이다. 다시 태어날 때까지 일정기간 동안 그 다른 세계, 곧 중음신 혹은 연옥영혼으로 계속 살게 된다. 그리고 새로운 삶을 시작하는 시점에서 우리의 심령체와 법신체는 그들이 영구인격(카르마)이라고 부르는 것에 흡수된다.

그것은 윤회의 경험이 기록되는 우리 내면자아의 부분이다. 윤회의 쳇바퀴 속에서 얻은 모든 경험은 이 카르마를 통해서 한 생에서 다음 생으로 전해진다. 새로운 삶이 시작될 때, 새로운 육신속에 이전의 심령체와 법신체가 고스란히 담기는 것이다. 그것들은 직전 생生의 경험뿐만 아니라 지나간 모든 전생 속의 경험 전부와 그리고 이제껏 쌓아올린 영혼의 점수를 담고 있다.

여건이 허락되어 수태되는 순간부터 새로운 현재인격은 카르마 법칙의 맥락 속에서 새로운 경험과 배움을 얻기 위해 3차원 세계로의 여행을 다시 시작하게 된다. 사실 죽음이란 잃는 것도 없다. 이것이 불전佛典에서 옷을 갈아입는 행위로 비유되는 이유이다.

 공空

대승불교는 '제행무상인諸行無常印, 일체개고인一切皆苦印, 제법무아인諸法無我印'의 삼법인三法印을 중심으로 '과거심 불가득 현재심 불가득 미래심 불가득'으로 공空이론을 설하고 있다. 시생멸 법是生滅法은 곧 태어난 것은 반드시 사라져야 하는 법칙이다. 모든 물질세계는 곧 허망한 것으로 환상의 세계, 즉 몽환포영夢幻泡影과 같은 것으로 세속의 욕망에서 벗어나길 종용한다.

힌두교는 물질세계를 과거와 현재와 미래의 의미, 곧 일종의 마야를 제공하는 세계라 말한다. 존재하는 세계는 실재하지 않는 끊임없이 변화하는 세계이며, 브라만(神)으로서의 실재는 마야의 세계 너머에 있다고 본다. 마야란 환영幻影을 의미하는 힌두교의 개념으로 불교의 정통학자들은 '공空과 환영'의 차이를 불교와 힌두교의 차이라고도 대변한다.

하지만 물질세계는 공도 아니고 환영도 아니다. 그것은 우리에게 교훈과 경험을 제공하여 인간의 삶에서 깨달음의 세계로 안내해 주는 교육장이다. 눈으로 보이고 손으로 만져지는 현실세계를 굳이 환상의 마야로 설하는 이유는 세속의 즐거움에 빠진 삶에 대한 경각심을 주기 위한 방편이다. 따라서 물질세계는 우리의 영적 성장을 위해 적절한 교훈을 얻을 수 있는 온갖 경험을 우리에게 제공한다.

한편 기독교는 윤회란 없는 것으로 단정한다. 현실의 삶은 단 한 번으로 끝나며 천국과 지옥의 선택권만 있음을 주장한다. '이웃을 내 몸처럼 사랑하고, 복음전파를 최대의 사명'으로 하며 '주主

의 품안'으로 돌아올 것을 설한다. 그러나 눈에 보이는 세계만 주장하는 교회의 오류는 코페르니쿠스의 지동설과 다윈의 진화론에서 분명히 교훈을 얻은 바 있다.

만약 마야(幻影)나 공空이 실체가 없는 것을 의미하고, 윤회의 당위성을 부정한다면 "심은 대로 거두리라."라는 성서의 말씀 또한 현실 속에서만 국한된 것인가? 윤회설을 부정하고 '하나님의 종'이 되기를 권하면서 잠재의식의 공간을 현실에만 국한시킨다면 심리학의 영역은 너무 초라하게 된다. 공空이라 해서 텅 비지 않는다. 진공묘유眞空妙有, 곧 빈 것 같지만 비지 않은 오색 빛 입자의 꽉 참, 그런 우주공간이 내 안과 밖에 분명 존재한다.

티베트의 위대한 스승 파드마 삼바바(蓮華座)가 기술한 죽음의 보고서 '사자死者의 서書'는 윤회의 당위성을 부각하여 세계심리학계의 새로운 이정표가 된다. 특히 현대심리학 대가 중의 한 명인 칼 융(Carl Gustav Jung)은 '인간은 자아를 통해 인식되는 의식뿐 아니라 우리가 지나치기 쉬운 무의식에도 사실상 집중하고 있음'을 밝히고 있다. 그리고 무의식의 근원이 윤회설에 입각하고 있음을 서술하고 있다.

우리는 마야라는 단어를 조심스럽게 사용할 필요가 있다. 자연계에서는 오늘 내게 일어난 어떤 일이 하나의 물리적·육체적 사건으로만 끝나지만, 영혼의 역할처럼 그 사건은 초자연계의 에너지로 영원히 기록, 저장되어진다. 마야의 세계란 모든 인간이 끊임없이 만들어내는 생각과 감정 그리고 언행의 에너지가 수록된 파장의 에너지세계, 즉 카르마이다. 결국 마야의 세계는 허망한 것이 아니라 카르마의 본거지로 우리 삶의 근원이 된다.

그리고 그 카르마는 우리가 반드시 책임져야 하는 것이기 때문에 현실적인 힘을 가지고 있다. 우리의 유전적인 성격, 질환 그리고 오늘의 삶이 모두 그들의 작용임을 거부할 수 없다. 잠재의식 깊숙한 어딘가에 그들을 방치해두고 잊어버릴 순 있지만 우리 자신이 그 카르마를 만든 장본인이기에 일상의 어느 순간 그들을 대면해야 할 때가 반드시 온다. 이처럼 우리는 지난 생의 기록인 카르마에 대해 끝까지 책임을 져야 한다. 어찌 보면 마야라는 것은 사물을 지각하는 하나의 방식이다.

🧘 아뢰야식

아뢰야식이란 모든 법의 종자를 갈무리하고 지각 작용을 가능하게 하는 가장 근원적인 심층 의식이다. 이러한 의식의 작용은 습장이라고 말한다. 불교에서는 우리 인간의 인식활동을 안眼, 이耳, 비鼻, 설舌, 신身의 다섯 가지 감각기관〔五根〕이 인식하는 제5식과 정신부분인 의식意識을 합해서 제6식으로 설명한다.

그리고 제6식인 의식의 뿌리가 되는 것이 제7식인 말나식이다. 말나식은 자아의식으로 제6식보다 한 단계 깊은 마음의 세계로 분류된다. 그리고 제7식인 말나식보다 더 심층에 숨어 있는 잠재의식이 제8식인 아뢰야식이다.

인도의 유식학파들이 자랑하는 것 중, 인간의 심리를 관찰해 학문적으로 정리하는 가운데 가장 큰 업적을 세운 것이 말나식과 아뢰야식의 발견이라고 주장한다. 제1식부터 제6식까지는 통틀어서 생각 혹은 마음이라고 정의할 수 있다.

그리고 제7식 말나식과 제8식 아뢰야식은 인간의 모든 활동을 총괄한다는 점이다. 이들 중에서 정淨과 염染, 선이나 악이 되는 것은 그 근저에 아뢰야식이 있다. 그래서 아뢰야식 자체가 오염의 근원일 수 있고, 청정의 근원일 수도 있다.

아뢰야식(제8식, 심)은 자아의식(제7식, 의)과 대상의식(제6식, 식)을 총괄해서 마음의 흐름에서 주체가 되는 잠재의식이다. 다시 말해 제6식의 활동은 인식된 것을 계속해서 보존할 수 있는 보존성이 없다. 이 때문에 어느 때, 어느 곳을 막론하고 항상 변하지 않고 그 존재가 이어져 갈 수 있는 궁극적인 실체로서의 존재를 따로 상정하고 있다. 즉, 업의 저장소로 윤회의 주체가 되는 그것이 바로 제8식인 아뢰야식이다.

범어 아리야Alaya는 저장한다는 뜻이다. 그러면 무엇을 저장한다는 것인가? 종자(bija)를 저장한다는 것이다. 우리가 일상을 통해서 하는 생각이나 행동은 하나도 빠짐없이 종자로 변해 저장된다. 모든 일어난 일이나 생각을 전부 받아들여서 기록하고 저장하는 카메라의 필름과 같은 역할을 하는 무의식이 아뢰야식이라고 할 수 있다.
마치 모든 행위가 CCTV에 찍히듯이 업業이 되어 아뢰야식에 전부 저장된다. 그래서 아뢰야식을 업장(業의 창고)이라 하고, 또 장식藏識이라고도 한다. 즉 제6식을 통해서 얻어지는 모든 작용이 제7식인 말나식을 통해 아뢰야식에 저장된다. 그래서 아뢰야식이 바로 말나식의 근거이기도 하다.

무시이래 각자가 해온 정신적·육체적 행위는 하나도 빠짐없이 종자가 되어 제8식 아뢰야식에 차곡차곡 저장된다. 아뢰야식에 저장되는 것을 훈습薰習이라고 하며, 종자를 습기濕氣라고도 한다. 종자는 좋은 종자와 나쁜 종자가 있는데, 좋은 종자든 나쁜 종자든 모두 훈습시켜 담아 둔다. 그래서 아뢰야식을 종자식種子識이라 한다.

이와 같이 아뢰야식은 과거 행위의 온갖 잔상을 저장하는 훈습작용을 한다. 우리가 잠자다가 꾸는 꿈은 제6식의 영역이다. 전생 또는 이전의 본인이 지은 행위(業)가 하나도 빠지지 않고 제8식 아뢰야식에 저장되어 있다가 꿈을 꿀 때 제6식을 통해 다시 나타나는 것이다. 그리고 그 잔상들이 미래의 업을 일으키는 행위의 씨앗(종자)을 형성하기도 한다. 종자는 아뢰야식 속에 있으면서 자기 결과를 일으키는 특수한 에너지(기)의 집단이 된다.

하늘의 그물

사람들이 겪는 고통은 반드시 이유가 존재한다. 본인은 모른다고 하지만 어떤 누구도 원인이 없는 고통을 겪지는 않는다. 수행자들은 영적인 진화의 어떤 단계에 이르러서 실재의 진리 속으로 뚫고 들어갔을 때에야 비로소 그 이유를 알게 된다.

카르마의 법칙은 공정하다. 천망회회天網恢恢 소이불루疎而不漏, 하늘의 그물은 엉성한 것 같지만 절대로 새지 않는다. 지구의 삶이 고통스러운 것은 바로 그 고통이 영적 성장을 위한 교훈이기 때문이다.

이 생에서의 고통은 우리 자신의 카르마이거나 사랑하는 사람의 카르마를 대신 짊어지려는 각오의 결과이다. 현재 자신의 행위를 되돌아보라! 그것이 어떤 결과로 되돌아오는지를. 오늘 그것을 깨닫지 못한다면 내일 또는 모레에는 깨닫게 될 것이다. 이것이 우주의 법칙인 인과응보이다.

그렇다면 이번 생生에서는 무슨 일이 있더라도, 선근善根을 쌓고 수행에 정진하여 윤회의 굴레를 벗어나야 한다. 불전佛典은 '계戒·정定·혜慧' 삼학三學을 제시하며 윤회를 벗어날 수 있는 묘안을 거론한다.

지계를 지키며 쉼 없는 정진으로 지혜를 얻어 깨달음을 득해야 함이 매뉴얼이다. 매뉴얼은 어떤 돌발적인 상황이나 사고事故시 제일 먼저 챙겨야 되는 순서로써 전생의 업, 곧 카르마를 녹일 수 있는 것이 유일한 방법임을 제시하고 있다.

그런데 수없는 시간의 정진에도, 백척간두의 진일보에도 아직 깨달음의 소식은 없다. 왜 그럴까? 수행의 핵심은 깨달음에 앞서 본성을 둘러싸 가로막고 있는 장애의 벽인 업장을 녹일 수 있는 방법이 무엇이냐가 먼저이다.

그러나 이 장애의 벽, 티끌의 형체를 누구도 아는 이가 없어 가르쳐 주지 않는다. 더구나 어떻게 해야 업장소멸의 힘을 얻을 수 있는지를 가르쳐 주는 스승이 없다. 그 티끌은 지난 생 영혼들의 에너지로써 빙의령의 현주소이다.

업장(카르마)이란 전생의 기록표인 에너지의 압축 프로그램이다. 마치 항공기의 기록장치(블랙박스)에 모든 비행의 정보가 기록되어 있듯이 지난 생의 행적이 에너지로 밀봉되고 포개어져 있다. 그것들은 가죽처럼 질기고 돌처럼 단단하게 굳어져 그 어떠한 것으로도 도저히 녹일 수 없는 악성껍질로 둘러싸여 있다.

이렇게 단단하게 무장한 어둠의 용병들은 업장의 이름으로 우리의 육신을 괴롭히고 있다. 유전자의 꼬리표를 달고 허약체질과 패배주의로, 질병을 일으키고 집안에 우환을 만들며 윤회의 길을 재촉하며 수행자의 길을 막고 있다.

기수련이나 의념수련의 긴긴 밀밀한 정신精神집중은 번뇌를 잠재울 수는 있다. 하지만 깨달음의 길을 가로막고 있는 카르마의 껍질은 심령계가 관장하는 것으로 집중의 에너지로는 결코 벗길 수가 없다. 그렇다면 교회의 기도나 염불, 사랑과 봉사, 자비, 무주상보시無住相布施는 어떨까? 그러나 이 모든 방편도 소용없는 것이 카르마이다. 이들 껍질은 지난 생의 작은 집착부터 뿌리 깊은 원귀冤鬼의 역에너지까지 그야말로 천차만별이다.

한편 고등종교는 각기 다른 두 가지 해답을 제시한다. "진리가 모든 것을 해결하리라"며 믿음의 기도를, 또 진리(법)를 찾는 방법이 "응무소주 이생기심(應無所住 而生其心: 응당 머무름 없이 내는 마음)"임을 설파하고 선禪을 요구하고 있다. 어떤 길을 가든지 선택은 우리의 자유의지일 따름이다.

인과응보

카르마란 현재 자신의 존재를 결정하게 되는 한 사람의 행위의 생각과 감정의 총합이다. 모든 사람은 자신의 카르마로 인하여 운명을 지어내는 것에 대해 직접적인 책임을 가지고 있다. 성서의 "뿌린 대로 거두리라."는 인과응보의 법칙을 말하고 있다. 그래서 과거의 빚인 동시에 오늘의 과제이며 숙제이다.

빚이 과거에 기초한 개념이라면 숙제란 현재적인 개념으로서 영격靈格의 향상을 위한 과업이다. 우리가 살아가고 있는 이 지구는 영적인 진보를 위한 학습장임을 알아야 한다. 과거 생에서 해결하지 못하고 이월된 과제를 이번 생에는 반드시 해결해야 할 막중한 사명의 삶임을 잊지 말아야 할 것이다.

사람이 일생을 살다보면 누구나 감당할 수 없는 시련과 장애와 마주하게 된다. '왜 나만 힘들게 살까?' 하며 세상을 원망해본다. '이 모든 것이 전생에 내가 뿌린 씨앗이든가?'라며 카르마의 존재를 부정하고 싶어진다.

그러나 이러한 일들은 세상의 재미에 빠져 이 세상에 나온 목적을 잊고 있을 때, 한편으로 꿈에서 깨게 해주는 회초리를 든 선생님과도 같다. '시련이란 하나님이 저버리지 않는 이들에게만 주는 특별한 선물'인 것이다.

스님이나 수행자들이 세상을 등지고 구도求道에 일생을 바치는 것을 우리는 현실도피라 생각하며 별종으로 치는 이들이 대부분이다. 그러나 그 고귀한 뜻은 이러한 카르마의 존재를 대중大衆에게 알리고 가르치며, 지난 생의 업장을 지우기 위해 육신의 안락과 세상의 즐거움을 도외시하고 스스로 고행苦行의 길을 택한 것임을 잘 알아야 한다.

문_ 업장業障이란 무엇입니까?
답_ 업장이란 몸〔身業〕과 입〔口業〕과 생각〔意業〕으로 만들어진다. 그 중에서도 어리석은 생각은 업을 짓게 하는 핵심이다. 그 어리석은 마음은 이기주의가 유혹하는 미혹迷惑이다. 미혹으로 말미암아 업을 짓게 되고 그들은 세세생생世世生生 이월된다. 착하게 살아야 하는 이유가 선업은 선과를 낳고, 악업은 악과를 만들기 때문이다. 삶에 고통이 따르고 우환이 멈추지 않는 것은 악업의 소산이다.
불전佛典에서는, 미혹은 가출한 미아가 부모가 애타게 기다리는 줄 알면서도 집으로 돌아오지 않는 것과 같고 또는 후처에 혹해서 본처의 아들을 죽이려고 하는 나쁜 마음이 생기는 것이라고 설명한다. 이처럼 어리석고 그릇된 생각을 혹惑이라 한다.

혹惑으로 말미암아 나쁜 악업을 짓게 되면 그 결과로 고통을 받게 되는 것이다. 혹업고惑業苦를 삼업장三業障이라 한다. 고집멸도의 4성제의 고苦는 집착執着 때문에 나타난 것인지라 미혹이나 집착이나 모두 똑같은 선상에 있다.

어떤 사람이 스님께 애타게 물었다. "우리 집의 부모가 일찍 삼보三寶를 존중하고 진심으로 믿고 실천하였지만 항상 병에 걸리고 또 하는 일도 다 뜻과 같이 잘되지 않았습니다. 허나 이웃집의 사람은 오랫동안 도살 업을 하지만 몸은 항상 건장하고 또 용감합니다. 그리고 하는 일마다 잘되니 저들은 어찌 행복하고 우리는 어찌 이렇게 불행합니까? 혹시 우리에게 무슨 허물이 있어 그런 것입니까?"

스님께서 답하셨습니다. "어찌 불전의 말씀을 의심하느냐? 모름지기 착한 일을 하면 좋은 과보가 있고, 나쁜 일을 하면 나쁜 과보가 있게 되는 것은 과거, 현재, 미래의 삼세三世에 무조건 나타나게 되어 있거늘, 보통 사람들은 어진 사람이 빨리 죽고 사나운 사람이 장수하며, 나쁜 짓을 하는 사람이 편안하게

살고 의로운 사람이 흉한 것만을 보고 문득 '인과가 없고 죄와
복이 허망하다'고 말할 수 있다.
그러나 그렇지 않다. 사람의 그림자와 메아리가 서로 따르는
것이 터럭 끝만치도 어긋나지 않듯이 인과는 비록 백천만겁을
지날지라도 또한 없어지지 않는 것을 알지 못해서 그렇게 보
일 뿐이다."

업보란 시간적인 차이가 있을 수 있다. 세상이 바뀌고 또 바뀌어
도 지은 업은 다음 생으로 반드시 이월되니 성불하기 전에는 없
어지지 않는다. 인연이 모이지 않으면 과보를 받지 않지만 인연
이 주어질 때는 자기가 저지른 것에 대해서는 반드시 과보를 받
게 된다.

假使百千劫이라도   가령 백 천겁을 두고 세월이 바뀐다고 해도
所作業은 不亡하야   지은 바 업은 없어지지를 아니해서
因緣會遇時에   인연이 만나서 모일 때에
果報를 還自受라   과보를 도로 스스로 받는다.

인연이란 그렇게 무서운 것이다. 악업을 만드는 순간 곧바로 받
는 것을 화보花報라 한다. 이것은 마치 나무에 꽃이 피듯이 그 즉

시 나타나는 것이다. 그보다 세월을 두고 받는 것을 과보果報라고 한다. 금생에 지어서 다음 생인 내생來生에 받든지 혹은 몇 십 년 후에 받는 것이 과보이고, 오늘 지어서 오늘 받는 것이 화보이다. 이것을 시간적으로 분류하면 이번 생에 악업을 지어서 이번 생을 마칠 때까지 반드시 받는 순현보順現報, 다음 생인 내생에 가서 받는 순생보順生報, 내생보다 더 많은 세월 한없이 많은 세월 뒤에 받는 과보인 순후보順後報가 있다. 삼세를 통해서 업을 받거나 몇 천세를 통해서 업보를 받는 경우는 순생보·순후보이고, 업業을 금생에 지어서 그 과보를 금생에 받는 것을 순현보라고 한다. 선악의 업보는 3세가 있어 금생에는 안 받아도 내생이나 세세생생에 어김없이 받는 것이 업보다. 지금 눈앞에 보이는 것만 가지고는 절대로 말할 수 없는 것이 업장이다.

6.

심령계의 함정

부처의 탄생 일화를 살펴보면 부처는 인간의 몸을 받기 위해 천상계 중 하나인 도솔천에 잠깐 머무른다. 도솔천은 윤회를 주관하는 천상세계이다. 절대계인 신과 인간은 그 파장이 각기 다르므로 사람으로 환생하기 위해서는 인간의 파장으로 맞춰야 환생할 수가 있는 까닭 때문이다.

상대계란 키가 큰 사람이 있으면 작은 사람이 있고, 나보다 약한 사람이 있는가 하면 반대로 언제나 강한 사람이 있는 상대적인 세계를 말한다. 이들과 반대로 절대계는 오직 하나뿐인 유일한 절대적 존재가 있다.

불경에서는 하늘의 세계를 33등급으로 나누어 설명한다. 하지만 굳이 하늘의 세계라기보다 눈에 보이지 않는 초자연적 세계를 표현했을 것이다. 이들과 비교해 부처의 경지를 무상정등정각(無上正等覺, 아뇩다라삼먁삼보리)으로 더 이상의 높은 경지가 없는, 절대계(法界)로 마침표를 찍는다.

무상無上의 경지에서 내려다보면 소위 33등급의 천상세계는 모두 귀신들로 가득 찬 쓸모없는 영혼의 세계(靈界)이다. 그러나 지상에서 올려다보면 층층이 영혼의 세계가 존재하며 각 층마다 등급이 다른 각각의 영적 세계가 존재하면서 제 나름의 초능력과 신통을 구사하고 있다. 그러다보니 무속인과 신비가들은 눈에 보이지 않는 영적 세계를 깨달음의 세계로 가는 길로 착각하고 있는 것이다.

건강을 위하여 단전호흡을 하고 힐링을 목적으로 명상을 찾는 이들에게 초자연계의 공포를 꼭 전하고 싶다. "혹 떼러 갔다 혹 붙여 온다."는 속담처럼, 잘못된 명상은 엄청난 결과를 초래하여 영혼을 피폐시킨다. 사이비 종교가 그러하듯이 주문을 암송하여 믿음을 확장시키는 관음정근, 조상천도나 신비를 유도하는 자기암시의 명상은 그 피해가 심각하다.

특히 외국에서 수입된 요가명상이나 기공수련, 서구 이미지요법 등의 피해의 심각성도 만만찮다. 이것들은 모두 정신통일만을 목표로 하여 잡념을 지우는 의념수련과 성공한 자기모습을 그리며 자기암시를 유도하는데 아주 잘못된 방식이다. 그 이유는 강한 자기암시는 생각의 파장, 염력을 확장시켜 욕망의 에너지를 방출하게 되어 영계靈界에 접속되기 때문이다.

선禪에서 '방하放下, 즉 모두를 내려놓는 것'을 핵심으로 하는 까닭이 '상相을 만들어 구하고 의지하는 의식'은 영계의 에너지와 연결되기 때문이다. 이것이 빙의령의 출현이다. 영靈이란 눈에 보이지 않는 에너지 체体의 다른 이름이다. 집중하면 에너지〔氣〕가 생기지만 이것에 집착하면 빙의가 된다.

자기암시

자기 최면이나 암시는 어떤 특수한 목적을 위해 의식적으로 염력을 만드는 행위이다. 염력의 파장은 다른 생명체와 마찬가지로 그것을 방사한 사람과는 무관하게 고유의 수명을 지니고 독립적인 존재로 영위한다. 우리가 생각하는 모든 느낌이나 감정이 모두 염력의 파장이 된다.

염력이 일단 외부로 방사되면 그것은 결국 그것을 만든 사람의 잠재의식 속으로 되돌아오게 된다. 남을 원망하거나 시기하면 그 마음이 잠재의식 속에 남는 이치이다. 그리고 그것은 기억의 무더기 속으로부터 의식의 표면으로 떠올라 새로운 힘을 얻어서는 다시 잠재의식 속으로 잠복한다.

이 염력의 파장은 그 사람의 잠재의식 속에서 좀 더 영구적인 기반을 확보할 때까지 이런 순환을 되풀이한다. 그리고 그 사람의 기운을 흡수하여 자신의 생명을 이어나간다.

"나는 할 수 있다! 나는 할 수 있다!"라며 활기찬 몸짓으로 내지르는 구호는 심리치료의 표본모델이다. 패배주의를 극복하고 수동적인 자세에서 긍정적인 생각으로 도약하는데 좋은 계기가 될 수 있다.

그러나 눈을 감고 오랜 시간 명상의 자세로 생각의 파장을 키우는 행위는 영계의 접속을 가중시킨다. 일순간의 생각파장도 이러한데 매시간 되풀이되는 자기최면, 자기암시는 영계의 동일파장과 합류하여 인체에 역류된다.

빙의령들은 하늘의 기운을 차단해야만 인체를 장악하여 차지할 수 있기에 인체의 가슴에다 근거지를 두고, 두뇌의 고급혈들을 막는다. 자기최면의 결과물은 세뇌로 나타나고 맹신의 덫에 걸리면서 합리적이며 이성적이고 객관적인 인간의 자유의지는 자연히 봉쇄된다.

특히 머리 두정의 백회혈은 하늘과 연결되는 통천문通天門이다. 오늘의 수행자들이 정법의 길을 찾지 못하고 헤매는 이유가 백회혈의 중요성을 망각했기 때문이다. 왜 그럴까? 정신집중의 방법론이 문제이다. 10년의 정진에도, 20년의 정진에도, 아니 평생을 정진해도 길을 잘못 들면 백회의 개혈은 불가능하다.

불가에서 방하方下, 곧 '내려놓다'의 의미는 권세·부·명예 등 물질적인 것을 말하는 것이 아니다. '생각의 핵인 의식'을 내려놓는 것으로 무심과 무위만으로 무장한 선禪을 말하고 있다.

맹렬하게 정진에 몰두하는 제자에게 "그러면 나는 벽돌을 갈아서 거울을 만들 수 있겠다."는 조사祖師의 사자후는 정진이 중요한 것이 아니라 수행방법론의 문제를 제시하고 있다.

올바른 선禪의 정진은, 이때쯤 백회혈의 가동이 시작되고 묘한 촉감[妙觸]과 함께 묘한 작용[妙用]이 수행의 길을 재촉한다.

　"내가 만약에 마음의 본체를 알고자 하면

다만 일체 선악을 모두 생각하지 아니해야 한다.

그러면 저절로 청정한 마음의 본체에 들어가서 지극히 그윽하면

묘용妙用이 항하 모래 수처럼 많을 것이다."

_달마어록

빙의령

빙의란 영이 육신에 기생하여 장애를 일으키는 것을 말하고, 접신接神은 빙의된 영이 세력을 확장시켜 육신을 장악하는 현상이다. 인체의 두뇌를 컴퓨터라고 한다면 빙의령은 컴퓨터의 악성바이러스에, 접신은 악성바이러스에 해킹당한 좀비컴퓨터에 비유할 수 있다.

시중은행의 전산망이 해킹당하면 그동안 아껴 저축했던 통장잔액 전부를 허공으로 날릴 수도 있다. 인간의 두뇌신경세포의 역할은 물질계를 움직이는 원동력이며 정상인의 기준이 된다. 그러나 접신된 자는 두뇌신경세포의 비정상으로 인하여 영적인 환영을 영통靈通으로 착각하고 제법 무속인과 같이 행세하지만 그 끝은 참담하다. 건강을 망치는 것은 물론 주위의 따가운 시선 때문

에 일상생활을 영위하기가 힘들다.

영계의 정보는 대부분 엉터리이지만 가끔씩은 신통하게 맞춰 미혹한 부인들이나 위기의 환자에게 제법 믿음을 주기도 한다. 이들은 마왕魔王의 하수인을 자청하며 영계의 지시라고 얼버무리지만 대개가 뛰어난 화술을 이용하여 과거를 알아내고 미래를 예견한다.

수사관들이 유도심문으로 범인에게 자백을 받아내듯, 통속적인 몇 마디가 상대의 심금을 울린다. 예컨대 고집 때문에 문제가 발생한다든지 혹은 부모에게 불효를 저질러서 애들이 잘못되고 있다는 등 구구절절이 맞는 말만 한다. 이 세상에 고집 없는 사람이 어디에 있으며, 또 부모에게 입안의 혀처럼 잘하는 이가 그리 많을까!

그들은 뛰어난 변재로 신통을 부린 듯 재주하면서 법사法師라 자칭하며 무당으로 살아간다. 그러다 어느 날 접신된 영이 떠나면, 육신의 정기를 모조리 앗아가 초능력은커녕 일시에 죽음을 맞기도 한다. 해커들의 임무가 끝나면 컴퓨터의 기능이 파괴되어 무용지물이 되듯, 마구니의 꼭두각시로 외관상은 그럴 듯하게 보였지만 항시 귀신의 부름에 벌벌 떨며 일생을 보낸 참혹한 결과이다.

왜 무당이 되고 귀신들림이 생길까? 무당은 대부분 가계의 내림이거나, 영적 세계를 동경하여 산기도를 통한 기원 끝에 접신을 받는다. 접신은 본인의 선택이라지만 귀신들림(빙의령)은 원하지 않는데 어째서 생길까? 빙의가 되는 이유는 무엇일까? 굳이 빙의를 설명한다면 선천적 요인과 후천적 요인으로 나눌 수 있다.

선천적 요인은 어릴 때부터 정신적 장애나 정신분열 혹은 이름 모를 질병으로 인해 정상적인 생활을 하지 못하는 경우이다. 특별한 의학적 소견이 아니더라도 대대로 유전적인 가계로 이어 오는 것을 보면 전생의 일들과 어떤 관련이 있을 것이다.
그 문제를 우리는 주검에서 풀어야 한다. 생명이 사라진 신체는 산화되어 공중으로 흩어지지만 심령계의 영혼은 세세생생世世生生 불멸의 길을 간다. 만약 전생에 무당이나 사도邪道의 수행자가 생을 마감하면 그 영적인 에너지가 당연히 이월된다.

히브리 신학자들이 '신의 기록을 담은 책'이라고 부르는 『아카사의 기록』은 신비가들에게는 진리와 다름없다. 현상계의 본질은 파동이므로 소리(파동)가 음반 위에 기록되듯이 물질우주 속의 모든 현상과 사건은 시공을 초월하여 고스란히 아카사의 항아리 안에 기록된다고 한다. 아카사는 산스크리트어로 최초의

'원시물질'이라는 뜻으로, 우주심(universal mind)과 같은 의미로 사용된다.

선은 선으로 이월되고, 악은 악으로 다시 전해지는 불교의 윤회의 법칙과 그 맥락이 동일하다. 이처럼 사법邪法의 영적 에너지는 귀신들림, 빙의로 다시 그 모습을 드러낸다. 영이란 초자연적인 에너지라 비록 육신의 모습은 윤회를 통해 바뀌었지만 그 에너지는 영원하다. 본인은 물론 가까이로는 후손으로 연결되어 유전이라는 병력이 된다.

다음은 후천적인 요인으로 크게 두 가지로 나눌 수 있다.

첫 번째는 갑자기 일어난 사건에 의한 정신적 충격으로 우울증과 같은 정신적 장애가 바로 그것이다. 증상이 심하면 정신분열증으로까지 변할 수 있는 소지가 있어 환자 및 가족들은 필히 정신과 치료를 요한다.

한의학에서는 외적인 충격으로 갑자기 기혈氣血이 소진되어 생기는 증상으로 설명한다. 카르마의 구성인자는 영계의 에너지로 이때 빙의령이 어김없이 나타나 귀신들림으로 육신에 잠입한다. 하지만 모든 질병의 원인은 카르마와 연결되니 이 또한 필연적이다. 검은 고양이든 흰 고양이든 쥐를 잡는 데는 조건이 없어야 한다. 정신과 치료를 병행하면서 충분한 휴식과 적당한 운동요법으로 기를 보강시키고, 앞서가는 스승의 지도를 받으면 빠른 시간 안에 회복될 수 있다.

두 번째는 잘못된 사도邪道의 수행법으로 빙의가 된 현상이다. 중세 유럽의 마녀사냥은 기독교정신의 대표적인 사례로, 하나님을 외면한 어떠한 종교의식도 부정하였다. 그 이유는 이들의 모든 행위는 귀신을 불러들이는 행위로 간주되었기 때문에 마녀는 마녀를 확대 재생산한다는 결론에서다.

그렇다고 마녀사냥을 옹호하는 말은 절대 아니다. 불경의 살불살조殺佛殺祖, 즉 "부처를 만나면 부처를 죽이고 조사를 만나면 조사를 죽여라."라는 극단적 방법론을 볼 때 '구하고 의지하고 상相을 짓는 행위'는 모두가 심령계의 함정이라는 것을 수행자는 직시할 필요가 있다.

명상의 이름을 걸고 의념수련과 자기최면을 유도하여 기공치료나 조상천도를 부추기는 것 역시 일종의 종교적 행위이다. 이것들을 잘 이용하여 성공한 국내의 몇몇 수련단체가 있다. 자기최면으로 학습능력이 오르고, 건강이 회복된 듯싶지만 이는 결국 영적인 장애로 이어지는 행위가 될 수도 있다. 특별한 수행비결이 있다고 하는 것, '상相에 의지하고 구하는 명상'은 겉보기에는 평범하고 그럴 듯하지만 모두가 영계에 빠져드는 함정이 된다.

또 영적으로 뛰어난 감각을 영매기질이라 한다. 이들은 조상 중에 무속에 관계했거나 사법邪法의 수행으로 빙의된 조상을 가진 사람들이다. 이들 역시 결국에는 거부할 수 없는 필연으로 영병靈病이 따라다녀 절대로 자유로울 수가 없다.

우리가 영적인 일에 무관심해야 하는 이유가 바로 이 때문이다. 영적인 것을 동경하여 관심을 가지면, 자신뿐만 아니라 후손 중에 누군가 영적인 장애를 받는다. 병명이 나오지 않는 이상한 질병으로 고생하는 이들은 내림령의 귀신들림이 된 이들이 대부분이다. 오늘의 잘못된 수행은 본인은 물론 자손에게까지 이월이 된다.

초자연계는 함부로 들어올 수 있는 곳이 아니다. 이곳은 언제나 어두운 함정이 시커먼 입을 벌린 채 기다리고 있음을 절대 잊어서는 안 된다. 이들의 치료, 곧 퇴마는 정법正法의 수행으로 무장한 선지식善知識만으로 가능하다.

빙의를 일으키는 현상

기독교의 연옥영혼은 천당행도 아니요, 그렇다고 지옥행도 아닌 중간층에 있는 영혼들로서 불교의 중음신과 같은 의미이다. 생전에 평범한 일상을 지낸 영혼들의 안식처이기도 하다.

그러나 잔인한 증오와 복수심을 품은 채로 죽은 영혼들의 행로는 조금 특이하다. 그들은 일반 영혼들과 달리 에너지차원의 형태로 물질계와 심령계 사이를 방황하고 있다.

이들은 자신들이 지상의 물질계와 관계를 맺을 수 있는 위치에 있다는 사실을 발견한다. 그 방법은 공포심이 있어 깜짝깜짝 잘 놀라거나 혹은 불안한 심리적 상태에 있는 사람들과 주파수를 맞추면 이들의 영靈이 용이하게 그 몸속으로 들어가게 된다는 사실이다.

그들이 사망한 가족이나 친지 혹은 맹신의 염력이었든지 간에 빙의되는 이유는 다 그럴 만한 까닭이 있어 일어나는 것이다. 특히 기도나 염불을 가장한 강한 맹신의 염력 파장을 본인 스스로 조성하게 되면, 이들의 먹이가 되어 빙의가 된다. 말하자면 어떤 사람의 의식이 자신에게 들러붙으려 하는 귀신과 파장이 맞거나 혹은 마구니의 파장과 비슷한 파동을 조성하여 진동할 때 일어난다는 것이다.

부처께서 말씀하신 "집착은 마구니를 부른다."의 현대적 해설이다. 빙의가 일어나려면 빙의될 사람에게 뭔가 비슷한 인자가 있어야만 한다. 더구나 인연은 그렇다 치더라도 '구하거나 의지하거나 상相을 짓는' 기도의 염력 파장은 인자를 만드는 지름길이된다.

맹신의 염력이나 악령이 깃든 폐가의 원령이 외부에서 침입하는 빙의령이라면, 우리의 몸 심층부에서 출현하는 영혼의 집단이 있다. 카르마다! 이들은 지난 생의 흔적들로서 본인이 기억하지 못하는 갚아야만 할 전생 빚의 행렬들이다.

퇴마라는 용어는 글자 그대로 마귀를 물리치는 행위이다. 현실의 빚은 돈으로 갚으면 되지만 마귀를 내치는 일은 영적인 사건으로 수행자들도 감당하기가 만만치 않다. 밖에서 침투하는 저급령들도 쉽지 않지만 본인의 카르마에 연유하여 나타나는 전생 영혼들의 무리인 빙의령들은 대부분 고급령들로서 그들을 소멸시키는일은 무척 힘들다.

더구나 깨달음에 관심 있는 수행자들의 대부분은 지금은 비록 보잘 것 없는 필부의 모습이지만, 그 속에 감춰진 전생의 등급들은 모두 사회상층부의 지도자였거나 세계적인 영웅들이다. 그들이 일생을 호의호식하고 죽음 직전에 내린 결론이 권세와 물욕은 영원하지 않다는 것이다. 그래서 죽음 직전에 마지막 원을 세운다. 기필코 다음 생에는 죽지 않는 영원한 길을 가리라는 염원이 현재 오늘의 모습이다.

카르마에 의한 빙의령들은 동전의 양면처럼 영혼의 등급이 높을수록 영혼의 에너지가 강하다. 앞서가는 스승일지라도 그들을 당장 파멸시키거나 없애버릴 수가 없는 이유가 자신의 빚은 자신이 갚아야만 하는 카르마의 법칙이 있기 때문이다.

이러한 빙의령들은 카르마의 구성인자들로써 에너지로 밀봉되어 있다가 시절인연과 더불어 어김없이 등장한다. 고급수행자의 경우 이들과 동석同席하거나 전화통화만 해도 빙의령은 금방 공간을 넘어와 고급수행자의 두뇌경혈을 막는다. 영계의 특성상 빙의령은 자신보다 낮은 차원의 에너지는 거들떠보지 않고 언제나 고급의 정기를 원한다.

지독한 원귀의 빙의령일 경우 고수高手의 기공수련가도 몇 개월씩 고생하기도 한다. 암 환자를 치료하던 기공치료사가 본인이 오히려 말기암으로 전이되어 죽음을 맞이하는 것도 모두 빙의령을 예사롭게 본 탓이다.

국내 최고의 퇴마사로 자처하는 모씨도 영가 천도재를 지낸 후 빙의령의 공격으로 의식을 잃고 쓰러졌다. 응급실에서 3일 만에 깨어났음을 본인 스스로 월간지에 실토한 후 종적을 감추었다. 이처럼 초자연계는 언제나 어마어마한 함정이 있음을 수행자는 명심해야 한다.

기수련은 영혼의 존재를 쉽게 감지할 수 있다. 영혼은 에너지의 일부로써 육안으로 볼 수는 없지만 에너지의 파장이기 때문에, 기수련자는 높은 경지가 아니더라도 어느 정도의 수준에 이르면 이를 감지할 수 있다.

오히려 빙의령의 감지능력은 수행의 척도가 될 수 있다. 그러나 심령계를 제압하는 천도능력 없이 감지만 할 수 있는 능력은 오히려 고통만 주는 부작용으로 사회생활만 불가능해진다.

마치 작은 손끝의 상처가 물속에서 아려오듯 만나는 사람의 빙의령 때문에 고생이 이만저만이 아니다. 빙의란 카르마와 연결된 질병의 뿌리로 아프지 않는 사람이 없기 때문이다. 빙의된 조카를 치료한다고 결국 존속살인까지 저질렀던 몇 해 전 사건은 초자연계의 두려움을 실감케 한다.

🧘 중음신

뉴턴은 떨어지는 사과를 보고 만유인력을 발견한다. 모든 물질은
질량을 가지고 있으며, 질량은 중력의 지배를 받는다. 질량이란
물질의 겉으로 인간의 신체를 뜻한다. 죽은 후에는 질량이 없는
몸(영혼) ─ 심령체를 가지고 살아간다.

죽음은 육신과 영혼의 분리현상이다. 육신은 지地·수水·화火·풍
風으로 돌아가 허공으로 흩어지지만 사람의 영혼은 어떻게 되는
걸까? 『단테의 신곡神曲』에 등장하는 연옥은 문제 있는 영혼들의
회복을 위한 심령공간으로 그들의 임시거처이다.
불교의 중음신이 머무는 장소이며, 에레보스(Erebos, 그리스 신비
주의 용어)로 불리는 죽은 사람이 저승으로 가기 전에 지난다는
땅 밑의 어두운 곳이다.
그곳은 일종의 정신적인 심연인데 망각의 세계와 동일하다. 이곳
에서 그들은 죽음과 함께 기억을 모두 잊어버리고, 새로운 차원
의 공간에 익숙해져 의식을 되찾을 때는 아무것도 기억하지 못한
다. 영혼이 그곳에 들어가면 기억은 없어지고 다만 자신이 존재
한다는 사실만 알게 된다.

물질계와 심령계 사이를 갈라놓는 심연深淵이라는 곳은 우리가 깊은 잠을 잘 때 자주 빠져드는 곳이다. 마치 꿈을 꾸긴 했는데 전혀 기억나지 않는 꿈처럼. 고대 희랍인들은 그곳을 '물앙금'이라 했고 사악하고 진동하는 영혼을 망각 속에 집어넣는데 요긴한 곳이라 전해진다.

하지만 영혼이 기억하는 것이 딱 한 가지가 있다. 죽음 직전의 성격이나 지각능력은 단순히 다른 차원으로 이동하는 것만으로 바뀌지 않는다. 육신의 욕구가 오직 물질차원에 머물기 때문에 육신이 사라진 영혼 역시도 그 욕망에서 벗어날 수 없다. 그들은 욕망을 초월하지 못했기 때문에 자신의 익숙한 지상의 세계를 다른 차원에다 그대로 복제해 옮겨와서, 가상의 공간에서 심령체로 살고 있다.

예컨대 자신이 좋아했던 음식을 요리하고, 늘 해오던 일상의 일들을 되풀이한다. 또 해결할 수 없는 고민들로 아직까지 골치 아파하며 지상地上에서 그랬던 것처럼 생활하고 있다. 욕망은 두려움을 낳고, 그 두려움은 스스로 어둠을 만들어 영혼들은 그 어둠에 쌓이게 된다.

이 어둠은 그들 자신의 내면으로부터 표출되어 나오는 것으로 그것이 주위풍경에 영향을 주고 힘들고 안타까운 환경 속에다 내동댕이친 것이다. 따지고 보면 이런 환경을 만들어낸 것도 모두 그들 자신들이다. 그래서 욕망의 세력으로 가득 찬 낮은 차원의 심령계의 조건들이 이들 영혼과 동조하게 된다.

심령계는 모두 같은 수준이나 차원의 영혼세계가 아니다. 낮은 차원의 저급령이 있는가 하면 높은 지배층의 영혼 등으로 각기 형성되어 있다. 이들은 각자 다른 등급의 환경에서 존재하며 각 등급마다 각기 다른 품격을 지니고 있는, 대략 7등급으로 나눌 수 있는 지배구조로 물질계와 다름없는 계급 구성체이다.

등급의 세분화는 각 등급마다 다시 7등급으로 나뉘고, 또 나뉜 그곳에서 다시 7등급으로 구분되고, 또 나뉜 그곳에서 다시 7등급으로 나뉘는 무한정의 수직등급으로 나누어져 있다. 그래서 지구의 영혼들은 각기 자기차원에 맞는 심령계에 존재한다

그럼 중음신으로 사는 기간은 언제까지일까? 심령차원에서 영혼이 체류하는 기간은 그 심령체가 얼마나 격렬히 진동하는가에 달려 있다. 방금까지 살았던 생으로부터 가져온 혼란이 클수록 그 진동을 평온하게 진정시키는 데는 시간이 더 걸린다는 것이다. 불가에서 행하는 천도재는 영혼들이 가지고 있는 혼란과 불안을 진정시키는 역할을 한다고 전해진다.

불경에서 참선을 공부라 말한다. 수행자들에게 무주無住와 무착

無着, 무상無想을 요구하는 것은 생각이 없는 무심無心일 때 인간 의식 파장의 진동이 사라지는 까닭 때문이다. 생각이 없을 때는 감정도 없어져 파장이 생기지 않는다. 이처럼 수행자들의 '의식의 쉼'은 무위(無爲: 함이 없는 함)로 한발 나아가 연옥에서의 탈출과 함께 환생으로 지상의 몸을 받아 다시 한 번 구도의 길로 다가서는 기회를 얻게 될 것이다.

백회의 개혈

백회는 두정 중앙에 위치하는 유아들의 숨구멍으로 일명 통천문, 곧 하늘의 기운을 연결하는 통로이다. 유아들이 아무리 울어 보채도 목이 쉬지 않는 이유는 하늘의 기운과 연결되어 있기 때문이다. 침구경혈이론에서 죽음 직전에는 사관혈을 치고, 숨이 떨어지면 백회를 심자深刺하라고 지적하듯 생명을 되살리는 중요한 혈穴 자리이다.

차크라 중 최상의 차크라로서 요가의 대수행자들의 유일한 수행처이며, 선도仙道에서는 구전으로 전해오는 상단전의 비결이다. 또 부처의 머리모양새가 두정으로 올라가는 부근에서 파동을 타듯 이중으로 된 은유적인 모습은 경이로움과 함께 신비롭기까지

하다.

구도求道란 '존재의 근원'을 찾아서 떠나는 길이다. 그 길고 끝없는 행로를 안내하는 이정표가 정신집중의 명상이라면, 백회의 개혈은 신령스러운 법신과의 조우를 기약하는 진입로의 사명을 시작한다.
명상은 마음의 안정과 이완으로 영육靈肉 간의 맑음을 배양함과 동시에, 기능이 떨어진 인체의 장기에 활력을 선사하고 막힌 경혈을 개혈한다. 현대의학에서도 심신의 안정과 이완은 면역체계를 높여 질병의 예방과 치료를 돕는다는 것이 정설이다.

오랜 정진의 시간이 쌓이면 마침내 두뇌의 고급경혈들의 움직임이 나타난다. 그 중 백회는 영육 간의 맑음을 가름하는 대표적인 척도가 된다. 하늘과 통하는 통천문으로 무한한 하늘의 기운과 교감하고 이것을 운용할 수 있다.
오감의 의식과는 별개의 느낌인 묘한 촉감과 묘한 작용의 소용돌이에서 무위의 정진을 독려한다. 맑음이 극도로 순수해진 어느날, 백회에 이어서 마침내 인당의 개혈이 시작된다. 묘한 작용은 백회의 가동과 관음觀音의 만남을 시작으로 마음의 근원지, 자성自性과의 조우에 앞서 지난 생의 업장소멸을 주도한다.

자성은 현상계를 초월한 위대한 실체 절대계와 연결되어 있음을 견성見性으로 표출한다. 이것은 오감의 의식과는 또 다른 순수의식으로 궁극적이고 자율적인 실체를 가지고 있다. 자성은 마치 외부의 광원을 필요로 하지 않고 자기 스스로를 밝히는 등잔불처럼 존재의 근원과는 주객관계를 떠나 무한한 통찰력과 지혜가 겸비되어 있다.

"내가 없는 자리가 곧 부처다."라는 말은 우리의 의식을 '내려놓는 쉼'일 때 우주의 근원(본성)과 하나가 됨을 뜻한다. 나(我)라는 의식이 사라진다는 것은 일반적 무심을 말하는 것이 아니다.

종교의 지향이나 수행의 기법이 없는 정신통일로 나의 의식을 쉬게 했을 때 일반적 무심이 아닌 무위, 즉 '함이 없는 함'이 드러난다. 묘한 촉감과 묘한 작용은 백회의 개혈을 독려하며 관음의 만남을 실행에 옮긴다. 마침내 관음을 득하면서 대자연의 자태, 무위를 증명하려고 한다.

오로지 '구하지 말고 의지하지 말며 상相을 짓지 않는' 정신통일만이 나의 의식을 쉬게 할 수 있어 백회의 개혈과 관음을 유치할 수 있다. 관음은 기운의 파장과는 비교할 수 없는 또 다른 맑음의 법력으로 치료의 기능을, 퇴마의 능력을, 창조의 법력을 드러낸다.

존재의 근원

대학에 재직하는 문 교수님이 본회수행을 시작한 지 벌써 일 년이 되었다. 친지의 권유로 인도의 명상법을 정진한 지 8년, 몸에 엉뚱한 문제가 발생하면서 정신계를 불신하게 되었다. 마음의 평화와 함께 건강을 얻을 수 있을 것이라는 막연한 기대는 사라지고 언제부터인가 명상을 시작하면 뭔지 모를 불편함과 불안감이 항시 같이하고 있었다.

그러던 중 기수련 단체 관련 인터넷 서핑을 하다가 발견한 '한국선도회 카페'에서 '수행비법의 오류'를 자세하게 설명한 대목에 매료되어 입회를 결심하게 되었다고 한다. 영적 세계가 종교인이나 무속인의 전유물이 아니라는 것을 일반인들이 쉽게 놓칠 수 있는 대목임을 간파한 이후다.

주말 수련을 마친 후 간단한 다과상이 차려지면서 도담道談이 진행된다. 이제까지 마음에 쌓아두었던 의문들을 하나씩 풀어놓는다.

"선생님의 저서를 보면 깨달음의 길에는 영계와 그곳의 장악과 지배, 그리고 업장소멸의 과정이 필요하다고 역설하시는데 지금까지 그러한 주장을 하는 어떤 종교나 수행법을 만난 일이 없습니다. 어디에 근거를 두고 하시는 말씀인지 궁금합니다."

"글쎄요. 너무 직설적으로 물으시니 어떻게 답변을 할지…. 음, 불전佛典에서 '내려놓아라.'라고 하는 방하착方下着은 마음법의 핵심으로, 집착과 분별심을 금기시하는 내용들이 주 대목을 이루고 있습니다.

그런데 이것을 너무 확대해석해서 생기는 문제의 첫 번째 오류가 마음법을 물질계로 오인해서 시작되는 것입니다. 물질을 내려놓지 못하면 욕심이 되지만 마음을 내려놓지 못하면 귀신의 놀이터가 됩니다. 수행의 방법론은 아무리 강조해도 지나치지 않습니다.

두 번째 오류는 깨달음의 세계인 법계는 심령계를 거치지 않고는 결코 진입할 수 없다는 간결한 공식입니다. 심령계는 마구니의 어둠의 길과 법계로 통하는 밝음의 좁은 길이 있습니다. 성서聖書의 좁은 길과도 일맥상통한 것으로 수행의 방법론이죠.

방법론이 중요한 이유가 '상相을 만들어 구하고 의지하는 행위'는 모두가 마왕이 지배하는 어둠의 영계로 빠진다는 사실이죠. 자기최면이나 맹신은 마음의 평화와 성취감을 줄 수 있겠지만 그것은 진통제를 복용한 후 느끼는 가최면상태와 다름없죠. 결국 그들이 주장하는 의념수련은 자기최면으로 귀신들림, 빙의령의

온상일 따름이죠. 불전에서 '내 손가락을 보지 말고, 달을 보라!'
라는 법어는 방법론을 재삼 설하고 있습니다."

"이건 다른 차원의 질문입니다만, 존재의 근원인 본성을 만나면
어떤 현상이 있습니까? 그러한 현상을 누구나 만날 수 있습니까?
제 친구 중에 한 친구는 모 수련단체에서 지도하는 수행법으로
존재의 근원을 찾았고 또 그 경지에 도달함을 이루었다고 직설합
니다. 그 말을 들으니 부럽고 경외하는 마음이 우러나던데요."

"글쎄요, 본인이 이루었다니 축하를 해야겠죠. 하지만 깨달음은
주관적이거나 관념적이면 환상이 되기 쉽죠. 누구라도 '나는 깨
달았다!'고 주장할 수가 있지 않겠습니까? 이것은 마치 신통神通
을 언급하면서 신과 통한다는 무당의 발언과 다름이 없죠. 정각
正覺이란 그 자체가 없는 것으로, 과정만 있다고 설명하고 싶습니
다. 굳이 노자의 '道可道 非常道 名可名 非常名(도를 가히 도라 할
수 있는 것은 떳떳한 도가 아니요, 이름을 가히 이름이라 할 수 있는 것
은 떳떳한 이름이 아니다)'을 인용치 않더라도 지계를 지켜 정진에
매진하면 지혜를 얻을 수 있음을 불경의 삼학이 설하고 있죠."

"그럼 그 과정을 어떻게 설명할 수 있는지요?"

(답변이 채 끝나기도 전에 질문의 포문은 계속된다.)

"먼저 경전 속에 '묘한 촉감' 그리고 달마대사의 '묘한 작용'과
『수능엄경』의 관음법문, 그리고 이근원통 등을 제시하고 싶습니

다. 묘촉은 정신집중의 결과물로 초보자들도 쉽게 감지할 수 있는 육신 속의 감각이죠. 흔히들 기적氣的 현상으로 여기지만 이것은 자연적으로 나타나는 감각으로서, 정신을 집중한다는 것은 마치 볼록렌즈가 햇빛을 모으는 것과 같은 현상이죠.

여기서 방법론이 대두가 됩니다. 의식이 느끼는 감각, 묘촉妙觸을 자연스럽게 둘 것인가? 아니면 확대해석을 할 것인가? 그것도 아니면 신비라 인정하고 금기시할 것인가? 여러 갈래의 방법론이 등장하게 됩니다.

이것을 침소봉대針小棒大하면 기수련이 되고 반대로 이를 무시하거나 금기시하면 자연스러운 감각을 놓치면서 묘한 촉감을 잃어버리고 말죠. 그러나 이러한 묘한 촉감은 점차 범위를 넓히면서 묘한 작용으로 연결됩니다. 경전 속에 한 대목을 소개하자면

세존이 앉아 계실 때에 발타마라와 아울러
열여섯 분의 보살菩薩이 곧 자리로부터 일어나서
부처님 발에 정례하고 부처님께 고하여 말하되
'스님들이 목욕할 때에
육신의 신체가 느끼는 감각도 아니요,
물의 감각도 아닌, 내외의 주관과 객관이 아닌
묘한 촉감을 얻었사옵니다.

이것은 이미 먼지를 씻는 것도 아니며,

또한 몸을 씻는 것도 아니라

중간이 연연하여 있는 바가 없음을 얻음이라,

묘한 촉감이 선명하여 불자주佛子住를 이루었습니다.'

묘한 촉감은 이른바 신비나 초능력으로 일컬어지는 특별한 현상은 아닐지라도 몸에서 일어나는 묘한 감각을 말하는 것이죠. 전류가 흐르는 듯한, 자기장의 느낌으로 시작하여 손바닥에는 뜨거움으로, 머리 두정의 백회혈은 시원함으로 나타나죠. 정법正法수행자라면 묘한 촉감 그 자체가 생활이고 일상적인 현실이 되어야 합니다. 사람들이 이것을 직접 경험해 보지 않고는 이해하기 힘들죠.

하지만 이런 체험을 할 수 있는 '초능력(?)'은 누구에게나 잠재되어 있으며, 그것을 개발하려면 명상수행부터 해야 하죠. 정신집중을 연습하면 인생의 더 많은 부분을 우리는 얻게 됩니다. 결국 '해탈'이란 체험을 통해 진리를 얻고 진리와 동화되는 것입니다."

"네, 이해할 수 있습니다. 수행법의 패러다임을 바꾸기만 하면 경험할 수 있음을 저도 동의합니다. 제가 현재 경험하고 있으니까요. 과학에서도 패러다임이 바뀌면 관측과 경험은 물론 이론까지도 바뀐다는 것을 인정하고 있는 부분입니다. 과학혁명의 핵심적인 패러다임은 우주론이 천동설에서 지동설로, 또 창조론에서 진화론이 모범 사례입니다. 묘한 촉감은 누구나 가지고 있는 자연의 몸짓, 진리라고 생각합니다."

"저의 주장에 동의해 주신 교수님의 부연 설명이 기존 종교단체나 타 명상단체의 수행자 여러분에게 설득의 좋은 기회가 되기를 바랍니다."

"귀한 말씀입니다. 그럼 묘용妙用은 묘촉妙觸의 확대현상으로 보아도 되겠습니까? 묘촉은 기운의 감각으로써 경혈의 열림으로 표현하고, 묘용은 두뇌의 고급경혈, 즉 백회를 비롯한 인당혈·뇌호혈·태양혈의 개혈 등으로 이해하면 될까요?"

"네. 하지만 묘용은 범위가 더 커집니다. 두뇌경혈의 개혈과 함께 업장소멸의 기초부터 마지막 카르마의 분해까지를 포함시키고 있습니다."

"그런데 달마어록에 등장하는 묘한 작용에 대해서 의문이 생기는 것이 있네요. 달마대사가 등장하는 것은 불심천자 양무제 시대로, 그 당시 이미 한의학의 경혈이론이 정립된 시기로 본다면 백회의 가용성에 대한 언급이 있어야 마땅하지 않을까요?

더구나 이근원통을 인당혈과 뇌호혈로 이어지는 터널이라고 주장하는 선생님의 입장에서는 해명이 필요하지 않을까요?"

"본인도 한동안 그 부분에서 갈등이 있었습니다. 하지만 언어라는 것이 생각을 일으키고 그 생각은 염력의 파장을 생산하는 것으로, 경혈이론을 가지고 깨달음을 인도하기에는 역부족이란 결론을 내리고 나니 달마대사의 깊은 마음을 이해할 수 있었습니다. 어기십성語己十成이라 완벽한 언어는 의식의 작용을 일으켜 염력을 만드는 기회가 되니까요. 오죽하면 경전에서 의식의 작용, 용심用心은 마구니를 부르는 작용이라고 설하고 있지 않습니까."

"관음에 대해서 한 말씀 해주시죠."

"관음은 우주의 첫소리입니다. 『수능엄경』에 관세음보살이 깨달음을 얻은 수행법이라고 지목합니다. 현 불가에서는 이 소리를 범음, 해조음, 승피세간음으로 상징적으로만 해석하고 있어 뭐라고 대응할 수 있는 분위기는 아닙니다.

하지만 베트남 출신의 칭하이 무상사(淸海無上師), 인도의 산트 다카르 싱, 대만의 미래불 등은 세계 곳곳에서 관음법문을 전파하고 있습니다. 이것 역시 명상의 패러다임을 바꾸어 경전의 말씀대로 '구하지 말고 의지하지 말며 상相을 짓지 않는' 자세로 대처하면 관음의 실체를 만날 수 있습니다. 교수님도 관음을 듣고 계시지 않습니까?"

"네. 저 역시 관음법문을 인정하고 또 실천하고 있습니다. 물론 다른 관음법문 수행단체와는 다른 패러다임으로 말이죠. 그분들은 금욕과 채식, 생명존중사상 그리고 스승의 법력에 의존하지만

이 수행법은 본인의 맑음으로 찾을 수 있다는 것이 객관적이고 중립적이며 이성적인 것 같습니다."

(계속 질문이 이어진다.)

"이근원통에 대해선 어떻게 정리를 하실 건가요?"

"깨달음이 심령계의 제압, 점령, 초월을 뜻한다는 것은 마치 선승이 무당의 신통을 부러워하지 않는 것과 같습니다. 일반인들은 심령계를 영과 통하여 앞일을 미리 내다볼 수 있고 또 예지를 통해 예방할 수 있는 세속의 욕망을 채워주는 기도처로 믿고 있습니다. '정성이 하늘을 감동시킬 것'이라는 막연한 기대가 기복신앙을 조장하고 있죠. 하지만 전부가 틀린 말은 아닙니다. 눈에 보이는 세계는 눈에 보이지 않는 심령계가 좌지우지하고 있음은 진리입니다. 마왕의 힘은 부처의 힘과 동일하다고 불전은 말합니다. 하지만 부처와 마왕의 다른 점은 마왕은 부하들인 수족을 양성하지만 부처는 전등傳燈을 목표로 한다는 사실입니다.

조금은 비과학적인 설명이지만, 우리의 삶 자체가 윤회론, 인과의 법칙에 의해 태어나는 것이라면 오늘의 삶은 업장의 누적으로 만들어진 것이 아니겠습니까? 그렇다면 업장을 소멸하지 못하면 해탈은 꿈도 꾸지 말라는 것이죠. 오늘의 삶이 어제의 업業에 의하여 진행된다고 하니 업장은 꼭 갚아야 할 빚이죠. 업장은 지난 생에 발생한 사건으로써 모두가 에너지화된 영혼의 군群입니다.

심령계가 어둠의 공간이라면 법계는 어둠을 밝히는 빛의 공간으로 해석할 수 있죠. 다시 말해 어둠을 조장하는 것은 마왕이요, 이 어둠을 분해하는 차원은 맑음의 상징인 빛입니다. 법신계는 빛으로 가득 찬 절대계의 초입으로 심령계와는 구심점이 하나인 다른 차원의 두 개의 공간으로 서로가 연결되어 있습니다."

"이근원통은 앞머리 인당혈과 뒷머리 뇌호혈로 연결되는 원통으로 우주의 블랙홀과 같은 작용을 하나요?"

"네. 하지만 이근원통 이전에 인당혈의 개혈은 법신의 등장을 의미합니다. 경전에서도 법안法眼, 혜안慧眼, 불안佛眼의 '제3의 눈'의 의미로, 부처의 위없는 법력에 대응합니다. 황벽선사가 정명 본체라 설한 인당혈의 위력이 그럴진대 하물며 이근원통이랴! 블랙홀의 무시무시한 법력을 상징합니다. 지난 생의 카르마는 블랙홀의 위력이 아니고는 도저히 녹일 수 없는 무수한 에너지의 집단으로 심령계의 철벽 보루인 셈이죠."

"해탈은 카르마의 소멸 없이는 불가능하다는 말씀은 이해가 됩니다만 왜 기존종교들은 업장소멸을 기도나 염불, 그리고 자비행으로만 강조했을까요?"

"글쎄요, 종교와 부딪치는 부분은 언급을 피하고 싶지만 결론적으로 말씀드릴 수 있는 것은 수행의 방법론이 문제겠지요."

"아, 네, 그렇군요. 감사합니다. 그리고 제 수행과 관련된 질문을 하나 하고 싶습니다. 백회의 개혈과 함께 관음觀音은 정말 새롭고 뜻 깊은 경험임에는 틀림없습니다. 하지만 저서에 소개되는 묘촉의 신비함까지는 아직 미진한 것 같아 항시 불만족합니다. 백회가 활발하게 움직이는 날은 수행의 재미에 푹 빠져 시간의 흐름을 잊어버리곤 하는데 또 어떤 날은 관음의 소리가 제법 시끄럽게 들리는데도 불구하고 앉아 있기가 지겨울 때가 있습니다. 더구나 백회의 감이 없는 것 같아 실망스러울 때도 많습니다. 저의 수행이 궤도에 오른 것은 확실합니까? 스승님께서 인당혈의 개혈이 머지않았다고 하신 말씀은 그냥 격려 차원이 아닌지요?"

"네. 솔직한 말씀에 충격적인 조언을 드리는 것은 예의가 아닌 것 같지만 이 말씀은 꼭 드리고 싶습니다. 제 경험에 의하면 백회의 개혈은 10~15년 정도의 피나는 고행 끝에 맞이하는 법희선열, 희열의 마침표였습니다. 교수님께서는 불과 1년 미만의 시간에 얻은 엄청난 수행의 과위를 과소평가하시는 것 같아 다소 실망스럽지만 만약 교수님이 현재 수십억가치의 고려청자를 가졌다고 생각하시면 백회혈과 대응이 되겠죠. 국보급 청자를 매일 아끼고 돌보듯이 정진의 시간을 즐기는 편으로 애용하시면 되겠습니다. 백회의 개혈은 국내 어떤 수행자들도 자신 있게 말하지 못하는 선도仙道의 특급비결이니까요."

(같이 참석한 다른 회원의 질문이 이어진다.)

"말씀을 듣고 보니 스승님과의 대화 자체가 대체로 '수행요결의 모음집'이란 생각이 듭니다. 만약 우리가 수행을 해야 하는 이유를 일반인들에게 전달하려면 그들이 쉽게 잘 알아들을 수 있어야겠지요. 그에 대해 좋은 고견을 부탁드립니다."

수행의 목적 1

지상의 모든 삶은 생존경쟁이다. 육신의 보존과 종족의 보존을 위해서는 수단과 방법을 가리지 않고 투쟁해야 한다. 우리 인간도 마찬가지다. 육신을 가지고 사는 동안 내내 세속적인 목적(부와 권력)의 결과가 행복과 불행의 척도가 된다. 물질적 풍요는 행복을 가져온다. 하지만 물질이 모든 고통에서 우리를 구할 수는 없다. 이 점이 우리가 수행을 해야 하는 이유 중의 하나이다.

현대심리학에서는 행복과 고통의 메커니즘에 대해 예리하게 분석하고 분해한다. 고통은 무엇에서 비롯되며 그 원인은 무엇인가? 또 그것을 어떻게 치유할 것인가? 온갖 분석과 성찰을 통하여 조금씩 뿌리 깊은 고통의 근본 원인을 향해 접근해 간다. 이것은 심리학자든 아니든 모든 사람의 관심의 대상이며 고등종교의 존재 이유이기도 하다.

그럼 고통은 도대체 어디서 오는 것일까? 인간은 동물들과는 달리 원초적 본능인 식색食色 외에도 수없는 고통을 감내하고 있다. 그러고 보면 고통은 까닭이 있는 '불만족의 심리상태'이다. 원하는 것을 얻지 못할 때와 원하지 않는 것을 수용해야만 할 때다. 이것은 육체적 고통을 뜻하기도 하지만 무엇보다 정신적 고통의 체험이기도 하다.

이러한 불만 상태는 조건에 제약된 현상계의 특징이다. 현실은 본래 일시적이고 한시적인 만족만을 가져다주는 상대적인 존재이다. 권력과 부, 명예와 쾌락 따위가 삶의 목적인 동시에 인간이 추구하는 최고의 희열이지만 영원할 수는 없다. 권불십년權不十年이다. 가을 낙엽이 떨어지면 추운 겨울이 오듯이 곧 얼마 지나지 않아 새로운 불만이 계속 쌓여진다.

그렇다면 이 세상에 영원한 행복은 없는 것인가? 영원한 충만감이나 혹은 외적인 어떤 상황에서도 깨지지 않는 내면의 평화를 가져다 줄 수 있는 방법은 정말 없는 것일까? 심리학은 우리에게 고통의 근원으로 들어가기를 권한다.

결국 고통의 핵심적인 이유는 자기중심주의 때문이다. 모든 것이 자기 자신에게만 집중되어 있어 일상에서 부딪히게 되는 어려움과 거북함이 곧바로 자기 행복에 방해가 된다. 그러면 감정은 스트레스성 신경질로 변하면서 심장의 박동수를 높인다. 이것이 정도가 지나치면 타인에게 폭력적으로 대하고 본인은 심한 감정의 기복에서 헤어나지 못하게 된다.

그렇다고 감정에서 표출된 파괴본능, 소유욕, 지배욕을 마음껏 발산한다 해도 거기서 이끌어 낼 수 있는 만족은 찰나적인 즐거움뿐이다. 그 이후에 나타나는 허전함은 또다시 무기력에 빠지게 한다.

결국 감정을 다스린다는 것은 마음의 평정을 되살리는 것으로, 곧 여유 있는 자세이다. 정신수양은 모든 인간적 감정을 끊어버리는 게 아니라 더 이상 감정의 노예가 되지 않는 데 초점을 맞추고 있다. 역경에 흔들려 초조하거나 반대로 성공에 도취하여 교만과 오만에 빠지지 않는 광활하고 평온한 의식을 획득하는 일이다.

 ## 수행의 목적 2

우리가 현실을 대하는 행복과 불행의 평가는 지적인 분석보다는 본인 스스로의 마음에 달려 있다. 종교와 철학은 인간 현실의 모든 것이 그 자체로 개선될 수 없다는 것을 공통적으로 인정한다. 개선할 수 있는 방법은 오직 하나, 우리의 정신 현상뿐으로 본인의 마음에 달려 있다는 것이다. 작은 것에 만족하는 행복이 진정한 평화인 셈이다.

그러기 위해서는 철학적 논리도 중요하지만 결국은 정신수양을 통해 현실의 상황을 긍정적으로 받아들일 수 있는 개인적인 지혜가 필요하다. 행복은 물질이나 천재성보다는 정신작용에 의한 것임에 분명하다. 지식적인 앎보다는 관용과 인내, 너그러움이 지혜이다.

그럼 어떻게 마음을 다스릴까? 분노는 인내로 다루고 욕심은 집착을 놓으면서 해결하고 어리석음은 분별심을 향상시킴으로써 해결한다. 이는 우리가 이미 알고 있는 보편적 상식이다. 결국 정신수양은 감정으로부터의 자유를 뜻한다. 감정은 생각에서 비롯되는 바 우선 잠시 동안 생각의 흐름을 중단시키는 인내가 우선이다. 참을 인忍은 정신수양의 핵심이다.

그럼 어떻게 참을 것인가? 가쁜 숨을 내쉬면서도 마음속으로 숫자를 세며 가만히 화를 진정시켜야 할까? 하지만 누구를 막론하고 단 5분간이라도 조용히 집중해본 적은 별로 없을 것이다. 명상수련은 집중을 통해 정신을 통일하고 인내심을 기르는 훈련을 한다. 이것을 갖추면 우리의 의식은 한층 더 넓은 공간에서 활동할 수가 있다. 따라서 정신집중을 통한 명상은 이기적 욕망으로부터 잠재의식까지 체계적으로 감정을 정화하면서 의식의 진화를 촉진하는 작업이다.

모든 인간은 어떤 방식이든 간에 모두 자기발전의 길을 알아서 갈 것이며 또 그 길을 통해 결국은 자아를 실현하게 될 것이다. 하지만 그 길은 무지로 인해 야기된 피할 수 없는 고통과 괴로움의 길이기에 곧 "삶이 고해다."라고 말한다.
우리는 인과응보의 온갖 시련과 고난의 생로병사의 길에서 서로 얽힌 카르마를 주고받으며 얻는 경험을 통해 영적으로 더욱 성숙해질 것이고, 결국 우리의 본향인 내면의 신령한 자아(법계)로 되돌아가게 될 것이다.

깨달음이란 맑아진 육체와 영혼이 다함께 지혜의 공간(법신계)으로 나아가 법신으로 회귀하는 것이다. 법신계로 나아가는 조건은 영혼의 맑음을 높여 심령계를 제압할 수 있는 영혼의 등급을 올리는 일이 급선무이다. 맑음의 완성은 카르마의 소멸로 이어지면서 심령계의 지배와 빙의령에서의 탈출을 의미한다.

지금, 우리가 해야 할 일은 수행을 통해 자신의 영혼을 맑게 다듬어 발전시키는 일이다. 그렇지만 대부분의 사람들은 풍요로운 삶과 차가운 무지 속에서 미처 벗어나지 못하고 본능적으로 좋아하는 일상에만 매달리고 있다. 안타깝게도 소수의 몇 명만이 정신수양의 중요성을 인지하고 삶의 패턴을 전환시키려는 노력을 경주하고 있을 뿐이다.

上士는 聞道에 勤能行之하고
中士는 聞道에 若存若亡하고
下士는 聞道에 大笑之라

상근기는 도道를 들으면 힘써 실천하고
중근기는 도道를 들으면 반신반의하고
하근기는 도道를 들으면 크게 웃는다.

_『노자도덕경老子道德經』

기공치료

질병은 박테리아나 바이러스에 의한 염증성 질병이 대부분이다. 하지만 이것 또한 면역력의 결핍에서 오는 것이라 간주할 수 있다. 면역력이란 육신이 소지한 건강한 에너지로 활기, 생명력으로 표현한다.

건강이 순順에너지라 한다면 질병은 역逆에너지이다. 질병이 역에너지의 파동이라면, 그보다 더 높은 고급파동으로 질병의 역에너지를 녹일 수 있는 것은 어쩌면 당연한 일일지 모른다. 그래서 성령의 안수기도나 기공치료 등이 회자될 수 있는 분위기가 형성되지 않았을까싶다.

누구나 오랜 시간 집중하면 에너지를 모을 수 있다. 예컨대 무속인의 경우에 상相을 만들어 접신을 기원하면 그에 비견되는 염력의 에너지가 만들어진다. 비록 신기하고 신비한(?) 초자연적 에너지로 분류될 수 있지만, 그 결과는 눈요깃감에 불과한 유한적이고 혹세무민惑世誣民의 목적이 대부분이다.

인간은 절대로 초자연적인 힘을 발휘할 수 없다. 물질계인 현상계는 자연의 법칙 외에는 어떠한 초능력도 구사할 수 없다. 눈에 보이지 않는 초자연적 에너지는 결국 영적인 사건으로 귀신의 힘에 불과하기 때문이다. 따라서 기치료를 전문하는 기공사들은 본인들은 자각할 수 없을지 모르나 무속인과 진배없는 접신의 힘으로 기를 운용한다.

따라서 영의 에너지를 기공氣功으로 이용하는 기공사는 접신된 무당과 다름이 없다. 그리고 심령계의 등급과 마찬가지로 기공치료나 퇴마에도 각기 저마다 등급의 수준이 있다. 하지만 대부분 혹세무민이 목적일 따름이다.

졸저의 애독자 중 일부는 빙의에 의한 고통을 심각하게 호소하고 있는데, 빙의는 대부분 잘못된 수행으로 얻어지는 결과이다. 이는 무심이 아닌 일심一心에 의한 집착으로 나타난 염력체의 방해로 인한 것으로 지금까지의 모든 수행법을 당장 중단해야 한다.

선禪에는 기법이 없다. 수행의 특수비법이나 주문암송 그리고 자기최면 등 의식을 동원하는 명상법은 그 자체가 마귀를 불러들이는 악마술이다. 설령 그들의 명성이 하늘을 찌르고 세계를 감복시킨다 해도 그것은 유명세를 등에 업은 달변가일 따름이지 우리가 기다리는 선지식이 아님을 분명히 상기해야 한다.

구도란 목표와 목적이 없다. 오직 길이 있다면 '의식을 내려놓는 것'을 바탕으로 한다. 고급수행자들은 굳이 기공치료를 하려는 생각도 없지만 그렇다고 또 못 하는 것도 아니다. 오히려 그들은 맑음의 법력으로 더 확실한 근치根治와 퇴마를 할 수 있다.

그럼에도 기공치료를 딱히 내세우지 않는 까닭은 깨달음으로 가는 여정에서 얻는 작은 보너스이기 때문이다. 고급수행자가 맑음의 법력으로 역에너지를 분해, 소멸시킨다고 할 것 같으면 기공사나 무당은 접신된 영의 에너지를 사용한다는 게 크게 다른 점이다.

시중의 기공사들은 집중의 의념(기를 준다는 생각)만으로 치료를 감행한다. 이것은 마치 무속인이 산山기도를 통해서 산기운을 받는 원리와 같다. 풀어서 설명하면 기공사는 치료를 목적으로 '의식을 동원하는 의념수련'으로 기공을 연마한다.

하지만 구도의 길은 치료나 퇴마가 아닌 깨달음이 목표로 '의식의 쉼'으로 정신을 집중한다. 다 같은 물이라도 소가 물을 먹으면 우유가 되고, 뱀이 물을 마시면 독이 되는 이치와 같다

자연이란 '함이 없는 함〔無爲〕'으로 스스로 하는 것으로, 인간의 의식으로 행해지는 염력과는 전혀 다르다. 맑음의 법력은 구속하지 않고 억지를 부리지 않으면서 자연스럽게 질병의 역에너지를 순화하여 문제를 해결한다.

수행자들이여! 의식을 동원한 강력한 집중은, 비록 그것이 수천 년의 전통일지라도 또 아무리 높은 법력의 세계적인 명성을 지닌 선승일지라도 '상을 만들어 구하고 의지하면' 그들은 귀신의 하수인에 불과하다. '구하지 말 것이며, 의지하지 말 것이며, 상相을 만들지 말아야 함'을 불전은 누누이 강조하고 있지 않는가!

7.

전생여행

불교의 윤회설은 인간이 한 번 죽는 것으로 끝나는 게 아니라 지속적인 윤회의 수레바퀴에서 재탄생됨을 의미한다. 한때 모 TV 프로그램에서 최면술사가 연예인들의 전생을 퇴행하면서 인기 몰이를 한 적이 있었다. 하지만 관심 있는 정신계 과학자들은 잠재의식 속의 현상들을 전생이라고 주장하는 것은 비과학적인 것이라고 수차례 지적하면서, 얄팍한 상술을 비판하기도 했다.

그러나 최면술사의 자기암시 유도가 아니어도 수행자들도 심령계의 사건들, 영혼의 모습이나 전생장면을 볼 수 있다. 대부분의 일반수행자들 경우에도 평소 영혼에너지를 느끼는 것쯤은 특별한 일이 아니다. 상대방과 마주칠 때 전이되어 넘어온 탁기와 가슴이 답답함은 비록 표현들은 하지 않지만 익히 알고 있는 사실이다.

특히 고급수행자는 삼매三昧, 초의식적 자아의식 상태에 도달하면 전생장면을 볼 수도 있다. 지난날 '지구행성 극장'에서 행한 본인의 전생과 동석한 후학 수행자가 맡았던 역할을 아주 자세히 드러낼 수도 있다.

이러한 일은 우연히 전개되는 것이 아니라 수행 시, 자타일여의 현상에서 시작된다. 동석한 상대방의 가슴 답답함이 짙은 멍울로 전이되면서 일순간 화면이 펼쳐진다. 하지만 처음 대하는 영적인 화면에 당혹하면서 "내가 상상의 그림을 그리고 있는 걸까?" 하고 잠시 망설일 때 텔레파시가 뇌리에 감돈다.

이성理性의 이해를 넘어선 어떤 보이지 않는 힘에 의해 내가 원하던 정보가 있는 바로 그곳으로 이끌려온 것만 같은 기이한 느낌에 잠시 휩쓸린다.

박 장군

박 장군은 걸음걸이가 아직도 젊은이 못지않은 80세 고령의 노신사다. 6·25전쟁에 참전하여 무공훈장을 몇 개씩 소지한 장성 將星 출신으로 구도의 열정은 식을 줄 모른다. 피비린내 나는 전투 속에서 산화한 전우들의 영혼들을 위해 다져온 교회기도가 본격적인 구도의 행로로 순항된 셈이다. 중국의 기공수련을 수십 년째 해보지만 별다른 결과물이 없던 차에 본회의 수련법에 매력을 느끼고 입회를 서두른다.

"김 선생, 수십 년을 기공수련에 매진했는데 내관內觀을 아직 볼 수 없다우. 빠른 길이 있다면 내게도 전수해주소."
"고령의 연세에도 불구하시고 아직도 구도에 대한 갈망은 모든 수행자에게 귀감이 됩니다. 그러나 구도는 초능력이나 신통이 아닙니다. 하지만 선생님이 갈망하시는 내관은 수행중 보너스로 챙기는 수준 정도입니다. 죄송하지만 초능력이 아닌 성통공완性通功完으로 방향전환을 하시는 것이 진정한 구도의 길입니다."

토종 기독교 집안의 내력을 가진 종교관이라 '공空이나 각覺'으

로 표현되는 불교용어가 무척이나 거슬리는 것 같아 우리나라 고
유의 선도仙道수행 쪽으로 화제를 바꾼다.

첫 질문에 본인의 치부가 드러난 듯, 물어오는 표정에 살짝 긴장
감이 엿보인다.

"본인이 초능력을 추구하고 있다고는 생각하지 않소만, 어리석
은 질문일지 모르겠는데 명상과 수행의 목적은 뭔가요?"

"물론 잘 아시겠지만 본회가 추구하는 길을 다시 설명 드리겠습
니다. 직접적인 목적은 영혼을 맑게 하여 법신法身으로 거듭나는
것이지요. 성령으로 거듭난다는 것과 별반 차이가 없습니다. 하
지만 궁극적인 목표는 자신이 누구인가를 깨닫고 신(God)과 합
일하여 신(a God)이 되는 것입니다.

'우리에게는 누구나 부처가 될 수 있는 불성이 있다.'는 것이죠.
우리는 신(Gods)이지만 그것을 모르고 있습니다. 어쩌면 우리는
스스로 자초한 기억상실증에 시달리고 있는지도 모릅니다. 목표
는 지난 생에도 늘 그래 왔으며, 앞으로도 늘 그럴, 바로 '그것'을
일깨우는 것입니다. 이것이 수행자들의 목표입니다."

"법신과 성령은 지나친 비약이 아닌가요?"

"종교의 용어를 사용한다는 것이 조금 무리입니다만 의미만으로
이해하시기 바랍니다. 예컨대 법신이 맑음의 대명사이니만큼 하
나의 큰 원이라고 가정한다면, 그 원을 둘러싼 또 다른 무한히 큰

원이 있음을 생각해보세요.

우리는 이것을 하나님 안에 있는, 영원과 무한(하나님)의 안에 있는 본성이라고 부릅니다. 그것들은 언제나 순수하며 더럽혀지지 않지요. 그 두 원 안에 '자아의식을 가진 영혼'이라고 부르는 하나의 작은 원이 또 있습니다. 세 개의 원은 중심점이 같은 동심원입니다.

영혼의 작은 원이 맑음을 확대해 갈수록 원둘레는 큰 원에 다가가 마침내 하나가 됩니다. 작은 것이 큰 것에 흡수가 되듯 영혼이 법신으로 거듭나는 것이지요. 영혼의 점수가 법신이라면 작은 원이 머물고 있는 만큼이 각자의 완성의 정도를 나타냅니다. 따라서 자아의식을 가진 영혼뿐 아니라 법신과 본성의 중심은 모두 동일합니다.

자아의식을 지닌 현재의 인격이 더욱더 원을 넓혀갈수록 법신의 원은 현재인격 속으로 점점 더 스며듭니다. 맑음이 더 높이 진화할수록 법신은 현재인격에 더욱더 큰 영향을 미치며 법력을 나타내게 되죠. 그것이 신통이며 내관일 수도 있죠. 수행의 경지란 수행자의 맑음이 영혼을 얼마나 맑게 확장시키고 있는가에 비례하는 것이라 설명할 수 있습니다."

"그럼 지금까지의 중국 기공수련이 문제가 있다는 말씀인 것 같은데 가망이 없는 것은 아닌가요?"

(실망스러운 표정이 역력한 분에게 좀 더 강력한 희망의 메시지를 줄 필요가 있음을 느낀다.)

"아니 그렇지는 않습니다. 선생님은 영혼의 등급이 매우 높으신 것 같습니다. 수십 년간의 기공수련은 대부분 빙의가 되어 있거나 접신으로 영적인 장애를 일으키는데, 선생님은 그렇지 않은 것을 보면 영혼의 등급은 수준 이상임에 틀림없습니다."

"그나마 다행이군요. 그럼 백회혈도 개혈할 수 있겠지요? 좋은 말씀과 지도 편달을 부탁드릴게요."

(착잡하던 표정이 조금씩 풀어진다.)

"네, 당연한 말씀을. 수행의 방법론, 패러다임을 바꾸면 단시일 안에 묘한 촉감과 묘한 작용의 핵심인 백회혈을 개혈할 수가 있을 것입니다."

(이렇게 첫날 미팅을 끝냈다.)

중국의 기공수련은 호흡을 길게 하는 것과 매 수련시간을 2시간 이상 장시간 하는 것으로 유명하다. 그래야만이 단丹을 만들 수 있고 그것을 3년 유포하여 제2의 육신을 출신하는데, 이에 목적을 두고 기수련에 매진한다.

그러나 수행은 강하고 억척스럽게 하는 것이 아니라 자연스러워야 한다. 호흡도 자연스럽게 해야 하며, 호흡보다는 정신통일이 목표가 되어야 한다. 더구나 상相에 기대는 기법이나 어떤 방식도 불허한다. '구하지 말고 의지하지 말며 상相을 짓지 않는' 정신통일만이 묘한 촉감과 묘한 작용을 만들어낸다.

아무튼 수행방법을 바꾸는 것을 전제로 처음부터 다시 시작하는 마음으로 수행한 지 3개월, 차츰차츰 맑음이 가속되면서 십 수 년 동안 만들어졌던 기공의 염력에너지가 소멸되고 있다. 영혼의 등급이 매우 높아 빙의령의 침투가 없었다는 게 참 다행스러운 일이다. 자기최면으로 만들어진 인체 밖의 염력에너지만 거둬내면 될 것 같다. 그런데 그게 아니었다. 뒷목주변에 조상령의 움직임이 포착되었다.

며칠 뒤, 회우會友들과 동반 수련 시마다 뒷목의 불편함을 호소하던 최 교수가 견디다 못해 넌지시 한마디 던진다.
"박 선생님, 뒷목이 불편하지 않으세요?"
"네, 조금은…. 안 그래도 '선친의 기일이 언제세요?'라고 며칠 전 갑자기 물으시며 흰색 도포를 입은 조상령이 보인다는 스승님 말씀에 요즘 고민이 좀 됩니다. 기일이 아마 오늘이나 내일쯤 되겠네요. 교회에서는 조상들의 기일을 중요시하지 않습니다. 그런 연유 때문이지만 자식으로서는 불효라 할 수 있겠지요.

그동안 말은 안 했지만 좀체 이해가 안 가는 부분이 바로 그 점이었습니다. 왜냐하면 국내 최고의 기수련가라 자칭하는 작가 출신의 K씨에게 조상 천도재를 지냈었고, 또 그 이후 십 수 년을 모시고 중국기공을 연마했던 L씨에게도 조상 천도재를 크게 치른 바 있는데, 그럼에도 불구하고 아직 중음신으로 머물고 계시다니 긴가민가하기도 하고 마음이 편치 않았는데 마침 교수님께서 또 뒷목을 지적하시니 믿지 않을 수도 없네요. 아무래도 스승님께 한 번 상의를 드려야겠습니다."

 ## 천도재

중국 기공의 의념수련은 염력의 파장으로 단전에 기를 축기한다. 그리고 하복에서 단을 만들어 300회의 주천으로 가슴의 중단전에 단을 확장시켜 올린다. 이것을 다시 두뇌의 정수리부분에 의념으로 자신의 모습과 같은 작은 분신을 만드는 작업이다. 그 분신을 3년 동안 키우는 것을 삼년유포라 하는데, 그 이후 이 분신을 밖으로 내보내 유체이탈과 비슷한 신통술을 행하는 것을 출신이라 한다.

불가에서는 기수련을 외도外道 혹은 사도邪道라 단정하면서 금기시하지만 기를 우주만물의 전부로 알고 있는 기수련자들에게는 너무나 당연한 일로써, 생각의 파장을 연마하면 얼마든지 기이한 현상을 만들 수 있다고 주장한다. 더구나 그 방면에 앞서가는 선생을 만나면 무당이 새끼무당을 만들듯 상황설정의 전개가 가속화된다.

옛말에 근묵자흑近墨者黑이라고 했는데, 먹물 옆에 있으면 검은 물이 든다는 이치로 에너지의 세계는 서로 동기반응을 일으켜 영적인 파장이 맞으면 단이 만들어지고 분신도 만들어질 수 있다. 그러나 그렇게 존경하던 기공선생이 어느 날 지나친 흡연으로 폐암선고를 받고 먼저 세상을 하직한다면 후학들로선 얼마나 황당한 일일지.

천도재를 하는 날이다. 소박하게 차린 과일상과 촛불만 있으면 영혼을 부를 수 있다. 경건한 몸짓으로 큰절을 올리고 좌선에 든 박 장군께 벽에 등을 기대고 되도록 편안히 명상에 들도록 유도한다. 의식의 긴장이 아니라 이완을 통해 삼매에 들기 때문이다. 깊은 침묵의 시간이 흐른다. "귀신처럼 알고 있다."는 말처럼 영혼은 자기를 부르는 것을 알고 모습을 드러낸다.

그런데 웬걸, 흰색 도포를 걸치고 삿갓을 쓴 모습의 영혼에 줄줄이 이어서 각기 다른 옷차림의 영혼들이 등장하는 모습이 당황스럽다. 하나, 둘, 셋… 자그마치 12명의 영혼들이 사연을 안고 하늘나라로 떠난다. 조상들의 영혼인가? 아니면 무슨 사연이라도 있는 걸까?

잠깐 동안의 생각에 텔레파시가 전해진다. 본인이 생전에 주관해서 치렀던 천도재의 영혼들이란다. 고맙다는 인사와 함께 더럽혀진 도포가 새하얀 비단도포로 바뀌면서 영혼들은 옷깃을 여미고 하늘나라로, 자기의 갈 길을 떠난다. 나머지 영혼들도 하직인사를 하며 하늘로 승천한다. 기독교의 연옥영혼과 중음신은 같은 의미이다. 이승과 저승의 틈바구니에서 지칠 대로 지친 영혼들의 모습에서 환한 미소를 머금은 천사들의 모습처럼 바뀐 영혼들의 퍼레이드를 목격한다.

"아버님은 하늘나라로 편하게 가셨나요?"
"네, 새하얀 비단도포로 입으시고 편안한 얼굴로 천도되셨습니다."

일반적으로 영혼들이 천도될 때 본인임을 증명하는 화면을 연출한다. 생면부지의 영혼은 자기임을 암시하는 얼굴의 특징, 예컨대 덧니를 보여주거나 얼굴의 형태(둥글거나 네모진 모습) 또 가족들이 기억할 수 있는 과거의 행적을 보여준다. 어릴 때 세발자전거를 타고 즐거워하던 장면이나 혹은 첫 번째 양복을 입었을 때의 계면쩍은 기쁨 등으로, 그리고 깨끗한 옷차림과 해맑간 얼굴 표정으로 고마움을 표하면서 하늘나라로 천도된다.

환하게 바뀐 얼굴표정과 깨끗한 차림새의 모습이었다는 설명에 박 장군의 눈시울이 뜨거워진 듯하다. 덧붙여 선친과 12명의 영혼의 관계를 설명하자 고개를 끄덕이며 그럴 가능성을 이해하는 눈치다.

선친의 일화 중 기억에 남는 몇 가지가 있다면서 옛일을 추억한다.
"선친과의 추억 중 특별히 한 가지가 기억납니다. 한반도의 앞날을 예견하고 남쪽으로 미리 이주한 것은 특별한 예지력이었죠. 해방 이후 가족을 동행하고 평안북도에서 논산으로 이주한 지 한 달 만에, 한반도가 북위 38도선으로 분단되었죠. 그러한 예지력을 가지신 분이라 영혼들을 위한 천도재는 당연히 주관하셨을 것입니다. 정말 대단한 분이셨습니다"

심령계는 수평이 아닌 수직의 등급으로 되어 있어 예지력 정도의 도력道力과 영계를 제압하고 지배하는 법력法力과는 천지차이다. 무당들이 영혼을 볼 수는 있지만 천도가 불가능한 것은 예컨대 청와대 비서관의 부정을 경찰관이 알 수 있지만 처벌할 수 없는 것과 같다. 천도란 영계를 조정, 지배할 수 있는 백회수행자나 그것도 부족하면 제3의 눈 인당혈을 운용할 수 있는 관음수행자만이 가능한 일이다.

"한결 뒷목이 편해졌네요."

미소 띤 박 장군의 얼굴에 선친과의 옛 추억담의 애틋함이 이어진다.

평안북도 강계시가 고향인 선친은 초등학교 교사였다. '3·1운동'의 불길은 전국으로 활화산처럼 번져 북쪽의 도시들도 조용하지 않았다. 특히 고구려인의 기질을 제일 많이 가진 강계시민들의 함성은 하늘을 찌를 듯 했지만 총칼을 든 일본경찰들의 무자비한 탄압에 맨손인 동포들에게는 계란으로 바위치기였다.

선친은 일본경찰에 체포된 후 혹독한 고문을 당했는데, 동료들과 함께 기회를 틈타 일경을 살해하고 탈주에 성공했다. 독립운동가에서 졸지에 1급 살인범으로 전국에 지명수배가 내려져 산길을 따라 도주하기를 며칠 만에 개마고원에 도착했다.

그 당시에는 통신의 전달이 느려 숨어 지내기가 수월한 탓에 그곳의 친지 덕분에 다시 초등학교 교사로 취업했다. 그러나 얼마

후 수배전단이 그곳까지 도착하자 승려로 가장하고 금강산으로 도피 행각이 이어졌다. 이곳저곳의 절에서 숨어 지내기를 십여 년, 불교에 심취하며 세상을 잊고 스님의 모습으로 유랑생활을 했다. 해방되기까지 무려 십 수 년을 스님으로 살면서 불공도 드리고 죽은 영혼을 위한 천도재를 주관했던 옛일들이 자신의 영혼에까지 따라다니며 다시 후손에게 이월되었던 것이다.

전생여행

카이스트 외래교수로 재직하는 김 교수는 부산의 모 연구소에서 DNA를 전공연구하고 있다. 세계 각국을 여행하면서 그 지역의 전통과 문화를 체험한 것은 청년시절의 로망일 수 있지만 오랜 외국생활로 인하여 지친 건강과 정체성을 잃어가는 게 못내아쉬워 명상수련을 선택한 유형이다. 더구나 두뇌를 사용하는 과학자들은 연구에 앞서 두뇌의 컨디션을 유지하는 것이 최상의 비결이다.

처음 만남은 결례가 아닌가 싶을 정도의 모습이었다. 전화로 대화를 나눈 후, 막상 수련장에 나타난 모습은 전형적인 노숙자 모습이었다. 길게 아무렇게나 자란 머리는 헝클어져 며칠간 감지

않아 금방이라도 냄새가 진동할 것만 같았고 청바지에 구겨진 셔츠며 해진 신발이 잘 어울리고 있었다. '혹시 정신이상자가 아닐까?' 조심스럽게 말을 건넸다.

"실례지만 직업은 뭐예요?"
(다짜고짜 정신감정부터 시작한다.)
"네, 모 연구소에서 연구원으로 재직중입니다."
(조용한 말투가 더욱더 의심스럽다.)
"전공은 무엇입니까?"
"DNA를 연구하고 있습니다. 제 차림이 조금은 이상하지요?"
(되레 반문한다.)
"네. 좀 그렇긴 합니다만 이해하겠습니다."
(의심의 눈초리를 풀고 대화를 나눈다.)

시간이 허락하는 대로 틈틈이 수련장에 나온 지 6개월, 김 교수의 여전히 변하지 않는 스타일이 지금은 우스꽝스럽다. 그래도 조심스럽게 외모에 대해 한마디 거든다.
"외국에서나 통할 수 있는 자유스러운 외모에 사모님이 불편하시겠습니다."
"네. 지금은 포기한 상태라 서로가 불편함은 없습니다. 본인도 직장생활을 하니 간섭할 시간도 없을 뿐더러 주말부부라 제게는 행운이지요. 허! 허! 허!"

말을 아끼는 타입의 사람이라 더 이상 대화의 진전은 없다. 자세를 바로 하고 깊은 명상에 몰입한다. 입회 당시 한쪽으로 많이 치우쳤던 김 교수의 앉음새가 이제는 정상에 가깝도록 되돌아와 있다. 지난해 자세교정을 전문으로 하는 수련원에서 1년 가까이 교정을 받았다고 하지만 물리적인 것은 언제나 한계가 있다.

자세의 왜곡은 육안으로 보는 것이 아니라 기운의 느낌으로 비춰지는 것이라, 이 역시 기운으로 자세를 수정한다. 곧이어 바른 자세가 기운의 강도를 높여 백회혈의 가동을 가속화한다. 카르마의 등장이다. 마치 양파처럼 카르마는 한 겹씩 벗겨지면서, 흔적이 상대 가슴에 강하게 멍울을 만들면서 내게로 전이된다. 이윽고 맺힌 사연이 풀어지려는지 화면이 보이기 시작한다.

박 장군의 전생장면 역시, 카르마의 흔적이 본인 가슴에 심한 통증과 멍울을 만들고 다시 내게 전이되어 가슴 답답함을 연출하였다. 무엇이기에 이렇게 답답할까? 저절로 관觀이 잡힌다. 이윽고 그 답답함이 화면으로 전개된다.

'더 높은 산마루에서 하염없이 펼쳐진 고산준령을 발아래로 내려다보고 있는 청년의 모습이다. 굽이굽이 험준한 산맥들이 물결치듯 위용을 자랑하고, 차가운 고산高山 공기에 거침없이 품어대는 준마의 콧김과 어울려 구름이 지나간다. 가슴을 활짝 제친 청년의 영웅적 기개는 거침없다. 도대체 누구일까? 잠깐 동안의 망설임에 텔레파시가 전해진다. 알렉산더 대왕의 젊은 시절의 모습이다. 그럼 박 장군의 전생이 세기의 영웅 알렉산더 대왕이었던가!' 가만히 눈을 떠서 박 장군과 알렉산더 대왕의 모습을 매치해본다. 패기 발랄하고 영웅의 기품을 지닌 청년과 노인의 모습이 어울리지 않는 것 같지만, 아무튼 놀라운 전생장면이었다.

김 교수의 전생은 과연 누구였을까? 궁금해진다. 지난번에는 전투기 조종석과 같은 모양의 의자가 천도되었다. 알루미늄, 티타늄과 같은 광택과 유연성을 지닌 우주선 재료와 동일한 4~5개의 의자가 가느다란 줄에 연결되어 백회혈을 통해 천도되고 있었다. 카르마란 지난 생의 사건들이나 전생의 장면들이 대부분인데 이게 무엇을 의미하는 걸까?
'그런데 지난번과 같이 오늘도 생명이 아닌 기계영혼들이 백회혈을 통해 천도되고 있다. 아니 이럴 수가! 우주비행의 궤도설정을 조절하는 선내의 거대한 슈퍼컴퓨터와 모니터, 우주비행에 필요한 정밀한 비품들이 모두 생명력을 가진 합성물이다. 인공지능이

아니라 기계로봇이 생명 그 자체다.'

이 무슨 SF영화 같은 황당한 장면이란 말인가? 그럼 김 교수는 다른 행성에서 온 우주인이며 UFO(미확인 비행 물체)의 시설물들은 생명이 있는 유기체의 합성물로 더구나 영혼까지 있단 뜻인가? 조금은 황당한 장면을 목격하고 침묵의 명상수련을 마감했다.

"교수님의 전생은 우주인이었나 봐요."

방금 목격한 장면들을 재미삼아 말했다. 이때 평소와 다른 반응을 보이면서 김 교수가 말했다.

"어쩜 그럴지도 모르겠어요. 우주인이란 말을 오늘까지 두 번 들었거든요."

그러면서 결혼 전에 궁합을 본 철학관 얘기를 시작했다.

대구의 모 고등학교 교사인 부인의 친정부모가 서로의 사주로 궁합을 맞춰봤는데 절대불가라는 통보를 받았다고, 그것도 한 곳이 아닌 여러 곳에서 같은 결론을 듣고 보니 혼사가 깨질 운명이었다. 비록 친지의 소개로 만남이 주선되었지만 서로가 이상이 맞아 애정이 싹틀 무렵이라 고민이 많았다고 한다.

"마침 부산에 모 일간지의 '오늘의 운세' 집필자가 운영하는 철학관을 찾았습니다. 얼마나 답답했으면 당시 상담료가 20만 원을 호가하는 소문난 기업형철학관에 미리 예약까지 하며 보러 갔겠습니까! 그런데 그곳에서 대반전이 있었지요.

예나 다름없이 허름한 차림에 헝클어진 머리로 방문한 저를 보고 깍듯한 예로 분에 넘치는 친절을 베푸는데, 그곳 철학관에서 대기 중이던 여러 사람이 모두 놀랄 정도였습니다.

그분 말씀이 '손님은 지구 밖 외계에서 온 분이라 지구 사주에는 해당사항이 없으며, 굳이 아가씨 측에서 증명을 요구하면 본인이 궁합을 증명한다는 증명서까지 저의 명예를 걸고 써주겠습니다.'라고 하는 겁니다. 그리고 궁합증명서를 받아든 저에게 비서를 대동하고 사무실 밖까지 배웅하는 친절에 오히려 제가 더 당황스러웠지요."

박 장군의 전생이 알렉산더 대왕이라면 김 교수의 전생은 뉴턴(Isaac Newton)이나 아인슈타인(Albert Einstein)으로 추정할 수 있어야 하는데 외계인이라니 믿을 수도 없고 믿지 않을 수도 없는 상황이다. 그 후에도 몇 번이고 전생장면이 연출되었는데 그때마다 우주선과 그 내부의 집기들이 모두 생명이 있는 기기器機로 등장하면서 천도되었다.

궁금증이 배가되어 텔레파시로 묻는다.

"왜 지구로 오나요?"

흔히들 공상과학이나 미래 우주과학자들은 UFO가 지구에 오는 이유가 그들이 필요한 자원이나 금 혹은 지구정복을 위해 온다는 가설을 주장하는데 답변은 엉뚱했다.

"죽으러 오죠."

"뭐요, 허참! 왜 죽으러 오는가요?"

"윤회를 해야만 의식의 진화를 완성단계까지 올릴 수 있으니까요. 그곳은 과학의 발달로 죽음이 없는 공간이 되었어요."

단호하게 말을 끝낸다.

외계인, UFO

미래 우주과학자들은 지구만이 우주에서 유일한 생명체가 존재하는 곳이 아니며, 우주의 어느 한 공간에서 우리의 물질적·영적 진화를 굽어보고 있는 높은 지성을 지닌 생명체들로 가득하다고 주장한다.

우리 은하계 안에만 행성이 수천억 개가 있으며 지구와 같은 조건의 행성이 수억 개가 존재하리라는 가설이 아니라도, 우리가 살고 있는 우주는 우리가 알고 있는 것보다 훨씬 지적인 생명체들로 가득하다는 주장이다.

우리가 우주에서 유일한 지적 존재가 아니라 높은 지성체들이 우리 행성의 진화를 지켜보고 있다는 것이다. 이 지성체들은 더 진화된 존재로서 물질의 지배자들이다. 그들은 육신을 가지고 있지만 몸을 마음대로 에너지로 화化할 뿐만 아니라 과학의 힘으로 어떤 물질도 에너지화하며 또 물질의 옷(질량)을 걸칠 수 있다고 주장한다.
그 증거가 UFO이다. UFO를 목격한 증인들은 허공에 나타난 비행체가 빛의 속도로 시야에서 벗어나 사라지는 것이, 물질이 에너지로 변하는 것이라는 주장이다.

정통과학은 아직도 차력사나 수피가 행하는 초능력, 무당의 작두타기, 불 위를 걷는 행위, 영적인 텔레파시, 자타일여의 투시와 같은 단순한 현상조차 해명하지 못하고 있다. 미래 우주과학자들의 말을 빌리면 UFO, 그들은 물질이 가진 거친 파동적 필요로부터 해방된 존재들이다.
이 지성체들은 진화의 낮은 단계에 있는 행성 혹은 지구를 돕고 있다. 바꾸어 말하면 높은 단계에 있는 존재들은 낮은 단계에 있는 존재들을 돕는다. 그리하여 모든 존재가 테오시스(의식적 완성)를 성취하면 우리의 태양계는 존재할 필요가 없다는 것이다.

그들은 우리가 이해할 수 있는 물질적 형태로 자신을 나타내는 수단으로서 UFO처럼 나타난다. 그들은 우리의 세계로 진입할 때 지구로부터 물질을 모아 지구인의 형체와 특징을 띠고 나타난다는 것이다.

그들은 지구의 전리층에 도착하면 사념을 동원하여 자신이 원하는 것을 무엇이든지 만들어낼 수 있는 특별한 장치를 가지고 있다. 그래서 만들어진 물체는 우리의 눈에는 종종 UFO처럼 보이다가 상상할 수 없는 가속으로 공간으로 사라진다. 만일 그들이 지상에 물현物現하기로 결정하면 인간의 모습을 취하고 때로는 몸의 일부처럼 보이는 옷을 입고 나타난다. 옷이 이처럼 몸의 일부처럼 보이는 것은 농축된 에너지 때문이다.

그들의 공간에는 죽음이 없다. 자신의 몸을 해체시키고 새로운 몸을 만들어낸다. 그들은 지구에서는 상상할 수조차 없는 발달된 과학으로써 물질창조의 경지를 성취한 존재로 지구의 중심부로 하강하여 불로 천사의 모습을 취할 수 있다. 또 다른 원소 속으로 침투해서 그 원소의 이미지와 이데아를 취할 수 있다.

그런데 이런 의문이 생긴다. '그들은 그런 묘술(?)을 부릴 줄 아는데 왜 육신이 필요한가?' 아마 그들도 무엇인가 부족한 것을 채우려고 그럴 것이다. 미래 우주과학자들이 이구동성으로 말하는 지구에서 무엇인가 얻을 수 있는 그 어떤 것 때문일 것이라는 주장들이 흥미롭다.

오늘 그 해답이 김 교수를 통하여 등장한 것이다. 의식의 완성! 깨달음이다. 이것은 과학으로도 풀 수 없는 인간의 순수의식, 즉 법신을 말함이 아니겠는가? 우리 인간들은 오래 살기를 원하지만 죽음이 없는 그곳의 존재들은 죽을 수 있는 육신을 원하고 죽기를 갈망한다. 고로 오래 살고 죽지 않는 것만이 궁극적 해답이 아니란 것이다.

『지구 밖의 생명(Tomorrow, 1980)』이라는 책에 컬럼비아대학교의 이론물리학자인 제럴드 파인버그Gerald Feinberg와 뉴욕시립대학의 생화학교수인 로버트 샤피로Robert Shapiro는 이렇게 제시했다

"지구 바깥에도 생명은 많이 존재할지도 모른다. 하지만 그 형태와 거주지는 우리가 지구에서 익히 보고 있는 것과는 믿을 수 없을 정도로 다를 것이다. …… 별들의 내부와 별들 사이 분자들의 구름 속에는 각각 특징적인 형태의 생명체들이 존재할지도 모른다. 우리 태양계 내에서도 타이탄(토성의 제6 위성)의 표면과 태양이나 목성의 내부는 생명체가 살 수 있는 가능성이 있는 장소이

다. 심지어는 지구도 아직 발견하지 않은 '살아 있는 존재'를 품고 있을지도 모른다."

향내

현직에 근무하는 경찰간부 중 기수련에 관심 있는 이들이 많다. 지나친 업무와 격무의 연속에서 발생하는 스트레스를 명상과 단전호흡으로 자체순화를 유도하는 차원이다. 더구나 총경으로 승진하면 경찰대학에서 받는 6개월의 교육기간 중 특별활동에 기수련을 연마하는 시간이 마련되어 있다.

ㅇㅇ지방청 강 부장은 평소 정신계와는 담을 쌓은 인물이다. 인문사회학을 전공한 학자로서 언제나 사회정의와 봉사정신으로 경찰업무에만 총력을 기울여 매진하고 있다. 성실함과 온화함으로 그 어렵다는 경찰의 별인 경무관으로 진급해 주위의 부러움을 한 몸에 받고 있다. 특히 인문사회학자로서 주변에서 거는 기대가 크다.

그러나 호사다마라 했던가! 갑작스런 가족의 비보를 접하면서 정체성을 잃은 혼돈의 시간을 헤매게 된다. 다행히 그 와중에 친지의 권유로 본회 수련에 참석한 것이 계기가 되어 지금은 고급수행자의 반열에서 매진하고 있다. 그 혼돈의 시간 속에서 정신을 집중하기가 만만치 않았을 텐데 오히려 전회위복이 되어 불과 1년 미만에 상단전의 두뇌경혈인 백회와 인당, 그리고 이근원통까지 경험하고 있다.

영혼의 등급은 최상급이다. 수행은 일취월장하여 이미 남들의 십년 공력을 능가하고 있다. 그러나 본회 수행법은 무위이다. 내가 수련에 매진하는 것이 아니라 '함이 없는 함'으로 진행된다. 오히려 내 의식의 발로는 탁기를 유발시킬 수 있다. 의식의 확장이 아니라 의식의 통제다. 내 의식을 쉬게 하는 정신통일이 수행의 요결이다. '생멸멸기生滅滅己 적멸위락寂滅爲樂 죽고 사는 나를 쉬게 하면, 바로 그곳이 부처의 자리다.'

독대수련 중의 전생장면들도 예사롭지 않다. 상대방 가슴에 맺힌 멍울이 풀리면서 황금빛 반가사유상의 불상모습이 전개된다. 무엇을 의미하는 걸까? 별다른 텔레파시가 전해지지 않는다. 어디에선가 텔레파시를 방해하는 에너지가 있는 것 같아, 그 뒷얘기를 감지할 수 없다.

뿌리 깊은 인문사상이나 종교적 사념은 본인도 모르게 영적인 세계를 거부하는 에너지로 형성된다. 그래서 평소 사회학에 대한 신념이 에너지화되어 형이상학적인 대화를 방해하는 것 같다.

일주일 후, 강 부장의 사무실을 방문하였다. 방금 점심을 끝낸 뒤
라 부랴부랴 근무복으로 갈아입는 모습에서 순박함이 드러났다.
그런데 그 순간, 심한 향내가 코끝을 자극했다.
"아니, 웬 향냄새가. 혹시 내실에서 향이라도 피우는가요?"
"아닙니다. 제가 그런 데 원래 취미가 없습니다. 허, 허."
하며 정색했다.
"그래요, 향냄새가 진동하는 걸 보니 이제 득도가 머지않았나
봐요."
라며 찬사를 보냈다.

조용히 눈을 감고 침묵의 선정에 빠져든다. 그런데 또 짙은 향내
가 코끝에 맴돈다. 그리곤 사라졌다가 다시 나타남을 되풀이한
다. 왜 그럴까? 아, 전생의 카르마에 묻혀 있던 향내가 서서히 소
멸되는 과정인 것 같았다. 그럼 향내의 소멸은 무엇을 의미하는
걸까? 잠시 떠오르는 생각을 뒤로 하고 다시 선정에 빠져든다.
가슴에 맺힌 답답함에 저절로 관觀이 잡힌다. 광활한 전쟁터에서
피아간에 살벌한 전투가 전개된다. 상대방의 전투력도 만만치 않
다. 치열하게 군사를 지휘하는 황제의 모습이 강 부장의 얼굴이

다. 마침내 승전의 축포가 전쟁터를 장식한다. 어느 시대, 어느 제국인가? 텔레파시가 전달된다. 강 부장은 오스만 왕국을 대제국으로 만든 최전성기 때 황제이다.

그리고 향내의 소멸은 텔레파시의 귀환을 의미하는 것이다. 그럼 형이상학의 대화를 방해하던 에너지가 향내였던가!

종교 의식에 빠질 수 없는 의례가 향을 피우는 절차이다. 양초에 불을 붙인 후 예배용 향을 피운다. 가톨릭 사제가 성스러운 미사를 집행하는 데는 반드시 향을 피우는 의식이 필요하다. 또 사찰 옆을 지나치다보면 은은히 퍼져오는 향냄새가 걸음을 멈추게 한다. 이처럼 향을 피우는 의례는 동서양을 막론하고 종교와 밀접한 관계가 있다.

이것은 각覺을 이룬 수행자가 머무는 곳에는 언제나 향냄새가 진동을 하는 것에서 시작된 듯하다. 어떤 절에는 득도한 큰스님이 계신다거나, 어떤 교회에는 소리의 화신 가브리엘 천사장과 빛의 화신 미카엘 천사장이 그곳에 항시 머물고 있음을 암시하는 것이다.

이런 연유로 일반인들은 대각을 이룬 수행자가 머문 곳이라고 감탄과 존경을 하게 되는데 아쉽지만 아직은 대각단계라 할 수는 없다. 영혼의 순수성이 심령계를 지나 법신계로 진입할 무렵 파장이 바뀌면서 하늘의 기운이 또 한 번 변화를 일으켜 과학적으로 설명할 수 없는 경지에 도달한다.

집중의 시간이 쌓인 어느 날, 식識이 맑아져 몸에서 향기가 나고 새와 짐승이 알고 공양을 바친다. 이뿐만 아니라 토지신土地神이나 영과 통하여 초능력이 나오고 신통변화를 부릴 수 있는 경지에까지 도달한다.

하지만 아직 자의식이 있는 탓에 갈 길은 아직 멀다. 본인의 경험에 의하면 향냄새라는 것은 아직 인위에 머물 때 나타나는 현상으로, 이 또한 지난 생의 과위다. 그 옛날 정신계의 거두로서 혹은 종교계의 스승으로서 가졌던 신통의 부산물이다. 무위의 세계에서는 무색, 무취, 무미만이 존재한다. 향냄새가 난다는 것은 목표가 달성된 것이 아니라 지난 생의 오염된 인위의 부산물을 청소하는 작업이다.

운거스님이 암자에 머무를 때 여러 날 동안을 승당에 나가서 공양을 하지 아니하거늘 스승인 동산선사께서 물었다.

"너는 어찌하여 승당에 나아가서 공양을 하지 않느냐?"

운거스님이 말하였다.

"매일 천신이 먹을 것을 보내옵니다."

동산선사께서 탄식하며 말하였다.

"장차 큰 인물이 될 사람이라고 보았는데 오히려 이러한 소견을 가졌구나! 그 따위의 소견머리가 있으니 아직은 멀었다."

스승의 말에 심한 충격을 받고 석양이 다 되어서야 운거스님이 승당으로 발걸음을 했다. 의기소침하여 늦은 시각에 모습을 나타낸 운거스님에게 동산선사께서 법문 한 구절로 마장魔障을 벗겨내었다.

"부처께서 말씀하시기를 '사리불이여, 선도 생각하지 말고, 악도 생각하지 말라!'라고 한 이것이 바로 어떤 것이냐?"

운거스님이 문득 거처하던 암자에 돌아가서 분별심을 내려놓고 참선을 하니 천신天神이 오랫동안 와서 그를 찾았지만 보지 못하고 이에 통곡하고 가버렸다.

『벽암록』에 의하면 우두종牛頭宗의 법륭선사도 새와 짐승들에게 꽃과 과일의 공양을 받았는데 중국 선종 제4조 도신대사를 만난 이후로는 도道가 깊어져서 새와 짐승들이 공양을 하지 못했다고 전한다.

사회학자의 변심

나는 세속적이고 합리적인 현대문화의 한 극치인 사회학의 실증주의에 물들어 있었다. 사회학자가 되기 위해 공부하는 과정에서 나는 회의론자가 될 것이며 정답이 없는 것으로 간주되는 철학적인 의문은 피할 것을 배웠다. 그러한 의문들은 신빙성 있는 관찰을 위해서는 필수적인 객관성과 공정성을 흐려놓는 것의 표본이 되는 것으로 훈련받았던 것이다.

사회학의 이론적 전제나 방법론으로 보면 '종교의 기적이나 무속적인 신비한 현상들'은 미신에 찬 구시대의 잔재로서, 나약하고 무분별한 사람들이 지어낸 허황한 이야기나 전설 그 이상은 아니었다.

우리는 '신은 애초부터 없었고, 있었다면 이미 죽었다'고 인식했다. 따라서 종교는 인간의 무의식 속의 두려움이 지어내는 과민증의 산물일 따름이었다. 종교적 행위는 인간의 의식이 성숙해질 무렵인 수천 년 전부터 행해졌으며, 오늘의 고등종교는 맹신의 세뇌교육의 결과물이다. 그래서 종교는 현대 첨단과학의 발달과 정신분석학 등을 통한 인류의 '계몽'과 함께 곧 망각 속에 묻히고 말 환상이라고 배웠다.

사회는 자신을 지탱해나가기 위해서 신을 만들어낸다고 배웠고 또 그렇게 가르쳤다. 그러므로 인간이 신을 숭배한다는 것도 사실은 그 허울 뒤에 숨어 있는 사회에 대한 숭배행위일 뿐이라고 믿었다. 사회학자로서 우리는 종교란 억압을 받는 무지한 백성들을 위한 위안물로서 존재하는 하나의 사회적 현상일 뿐이라는 것을 너무나 당연하게 받아들이도록 배웠다.
그러므로 지식인의 전위에 속하려면 무신론을 선포하지는 않더라도 최소한 불가지론자가 되어서 신비주의나 영성靈性이나 종교가 지닌 권위를 어렴풋이나마 내비치려는 그 어떤 주장에 대해서도 콧방귀를 뀔 수 있어야 했다.

과학의 실증주의의 무게에 짓눌려 신의 죽음이 선포되고 나자 이번에는 인간이 비슷한 운명에 시달릴 차례가 왔다. 진정한 자유는 없는 것이다. 식욕과 성욕의 동물적 본능은 고사하더라도 인간의 존재는 뜻대로 통제할 수 없는 '환경조건'이나 기타 사회적 강제요인에 의해 결정된다.
신과 마찬가지로 자유도 또한 상상이 만들어낸 허구, 또 하나의 덧없는 환상에 불과함이 증명되었다. 현대문화의 선구자들은 마음의 묘비명을 소리 높여 노래했다. 프랑스의 유명 철학자는 '신은 죽었다. 그리고 인간도 죽었다.'라고 선언했다. 20세기의 한가운데서 인간, 즉 호모 사피엔스는 사회가 그 위에 제 마음대로 무엇이든 휘갈길 수 있는 빈 종이와 같은 노예의 신세가 되어버렸다.

이 같은 지적인 무장과 자신의 애매한 태도를 고스란히 지닌 채로 수행의 길로 들어선 나를 돌아볼 때, 사실 나는 과학적 유물론에 대해 결코 편안한 기분을 느끼지 못했다. 나는 그것을 하나의 비극, 어쩌면 현대의 지성이 치러야 할 불가피한 대가로 받아들였다. 내 안에 "신이 없다면 세상은 엉망이 되리라."라는 '도스토옙스키(Fyodor Mikhailovich Dostoevskii)'적인 관념이 잠든 채 숨어 있었던 것이다.

8.

고신도 수행과 선禪

'나라에서 본래부터 내려온 도道가 있었으니 그 이름이 현묘
지도玄妙之道이니라.'

_고운 최치원

모든 종교는 마음공부를 강조한다. 그리고 육신은 언제나 버려야
할 탐욕덩어리로 지목되며 예사롭게 설정된다. 그러나 고신도古
神道 수행에서는 이와 정반대의 소견을 가지고 있다.

"건강한 육체에서 건전한 정신이 깃든다."는 오늘날의 스포츠 슬
로건과 같이 육신은 버려야 할 탐욕의 업장業障덩어리가 아니라

갈고 닦아 길이 보존해야 할 정신을 담는 소중한 그릇이다.

"육신의 건강 없이는 절대로 높은 깨달음을 얻을 수 없다."는 고신도수행은 현대인의 필수 건강보감과도 같다. 그래서 집중의 기氣공부와 함께 평소에는 몸공부를 역시 중요시하여 운동을 통한 건강과 바른 자세를 강조하고 있다.
그리고 고등종교가 추구하는 마음공부(역지사지易地思之와 네 이웃을 내 몸처럼 사랑하라)와 함께 세 가지 공부를 동시에 갖추어야만 비로소 목표점 성통공완에 도달할 수 있음을 강조하고 있다.

임진왜란 당시 홍의장군 곽재우, 사명대사를 끝으로 우리 고유의 고신도수행법이 지하로 들어가 인고의 세월을 지나 오늘 우리 앞으로 성큼 다가왔다. 중국의 기공은 낙후된 의료 환경에서 건강을 지키는 대체의학으로 맥을 유지하였다.
고신도수행법은 공해公害시대에 사는 현대인에게 육체적 건강과 함께 정신적 건강을 위해 더욱 절실한 수행법이라 할 수 있다.

현대는 물질만능주의 시대이다. 세계자본주의 문명의 올가미에서 모든 것이 물질로만 가치가 정해지는 세태다. 인륜도, 의리도, 정의도 사라져가는 이 암울함 속에서 현실도피의 전원생활보다도 정신수행의 중요성을 일깨워 생활 속에서 마음의 안식처를 얻는 편이 더 중요하다.

특히 우리나라의 건국이념인 '홍익인간弘益人間 제세이화濟世理化'를 만방에 선포하여 우리나라 고유의 정신수양법인 고신도를 세계인들의 정신적 지주로 승화시켜야 할 필요가 있다.

고신도는 현묘지도의 현대적 이름으로, 도교의 신선도와 비교하여 옛 고古자를 붙인 이름임을 밝힌다.

동양의 신비

기운은 생명력의 원천이다. 힌두교에서 말하는 우주공간에 작용하는 모든 원동력의 근원인 프라나와 같은 의미이다. 명상수행은 정신집중을 통하여 얻어지는 기쁨의 에너지이다. 명상수행을 통하여 자연의 생명력인 기를 체득하면서 육신의 건강을 되찾고, 영혼의 맑음을 가져온다.

한때 과학적으로 증명되지 않는다는 이유만으로 비과학적이며 무속의 일종으로 매도되었던 동양의 신비가 이제는 '무한 효능이 깃든 과학'으로 인정이 되어 서구에서도 경탄하고 있다. 명상 수행의 효능 중에서 기를 얻을 수 있는 인도의 요가, 중국의 기공氣功, 한국의 단전호흡[仙道] 등은 서구인들이 즐겨 찾는 명상법이다.

미국 위스콘신대학교의 연구진들이 『정신치료의학』 저널에 발표한 연구 보고서에 의하면 명상 중에 나타나는 뇌파의 에너지가 면역력을 강화하고 긍정적 감정을 주관하는 두뇌 부위의 활동을 증진시킨다는 사실을 제시하였다.

또한 '사람이 갖게 되는 감정 상태에 따라 인체의 면역 시스템의 반응도 각기 달라져 우리의 건강에 영향을 미치게 된다.'는 보고와 함께 『스트레스 감소의 길잡이』란 책에서도 명상을 통하여 마음의 심리상태가 달라지며 명상상태에서는 신체에서 자연치유력의 에너지가 증폭된다고 서술하고 있다. 또 서구의 심리학자들은 명상수행이 반사회적인 심성을 바로잡는다고 보고하고 있다.

이러한 뇌파의 에너지 체계인 기를 과학적으로 설명하고 증명할 수 없는 것은 현대과학의 현주소이다. 그것은 명상에 의해 일어나는 마음의 미묘한 변화와 그에 따라 발생하는 초자연적 에너지 파장인 기를 측정하거나 정량화할 능력이 아직 없기 때문에 과학적으로 밝혀지지 않을 따름이라고 부연 설명하고 있다.

지난날 비과학적이라는 이유만으로 무관심 속에 과학의 대상에서 제외되었던 동양의 신비가 이제는 서구의 과학적인 입장에서 연구되어 점차 베일을 벗고 있다. 침을 놓는 경혈과 경락에 대한 인체 반응·체계를 필두로 뇌파에너지에 대해서도 심층 연구하고 있으며 특히 정신과 물질에 관한 상호작용 및 한의학에서 주장하는 생명에너지인 기를 총체적으로 다루고 있음을 『타임』지는 자세히 설명하고 있다.

그러나 과연 과학계에서 명상수행을 통하여 얻어지는 기氣적인 에너지와 함께 진리의 요체, 즉 맑음의 실체를 설명하는 불생불멸의 절대계를 제대로 다룰 수 있을까 하는 의구심이 앞선다. 『금강경』에 "여래께서 말씀하신 진리는 취할 수도 없고, 말할 수도 없고, 진리도 아니고, 진리 아닌 것도 아니기 때문"이라 한 법法을 법이라 해도 틀리고, 아니라고 해도 틀림을 과연 그들이 이해할 수 있을지 의문스럽다.

서구의 명상열풍을 실감하는 뉴스는 수행자의 입장에서는 고무적인 일이고 반겨야 할 일이지만 명상수행과 종교의 하나님 성령과 어떤 함수 관계가 있는지, 또 불가의 마음법을 소화하고 무상정득정각의 지혜를 이해할 수 있을지 두렵기까지 하다.

현묘지도

현묘지도는 민족의 생성과 더불어 시작된 우리 민족 고유의 심신 수련법이다. 단전호흡을 통한 고신도 수행은 대자연의 에너지인 기를 운용하여 인성人性을 정화시켜 대외적으로는 '홍익인간 제세이화'의 건국이념을 만방에 전파하고, 내적으로는 불로불사의 신선의 도를 깨칠 수 있음이 면면이 전해 내려오고 있다.

이러한 기氣문화는 기의 통로인 경혈과 경락이론에 바탕을 둔 한의학이 동양에서는 만고불변의 진리로 인정되어 오늘날의 서양의학과 함께 나란히 쌍벽을 이루고 있다. 그러나 일반적인 외과수술을 제외하고는 침이나 한약으로 모든 병을 다스릴 수 있다는 우리의 의료개념을 서양인의 시각으로는 좀체 이해하기가 힘들 것이다.

동양의학은 철학에 근간을 두고 있다. 처음의 하나〔無極〕가 태극인 음양 중으로 갈라져 그것이 오행으로 나누어지고, 크게는 대우주가 되며 작게는 인체인 소우주로 태어난다. 그리고 성成·주

住·괴住·공空으로 다시 환원한다. 일시무시일 무시무종일(一始
無始一 無始無終一: 하나는 시작 없는 하나로 시작하여 다시 끝없는
하나로 돌아간다), 만물귀일시(萬物歸一始: 만물은 하나로 돌아간다)
의 법칙은 자연의 흐름과 같다.

현대인에 있어 명상이 필요한 점은 물질만능시대에서 오는 인간
성의 요구와 함께 정신적인 안정과 위안 때문이다. 밀려오는 업
무의 과중함에 자신의 능력한계를 절감하고 번민하며 남들과의
비교우위에서 끝 모르는 욕망의 모순에 빠져버린다.
남보다 더 많은 연봉, 더 크고 화려한 아파트, 더 공부 잘하는 내
자식! 이 모든 것으로부터 자유로울 수 있는 뛰어난 능력은 어디
에 없을까? 능력부진의 한계에 부딪힐 때마다 욕망의 올가미는
더욱 죄어들고 멀고 먼 자유인에 대한 갈망만 더 애절해진다.
이러한 일상 속의 불안과 번민, 공포는 손기損氣를 일으켜 육신을
병들게 하고 나아가 정신적인 허탈과 공허를 일으킨다. 이런 번
뇌의 모진 바람과 성난 파도를 잠재우려면 조용한 침묵과 함께
깊은 명상의 시간이 필요하다.
명상수행을 통하여 분노와 탐욕과 어리석음의 삼독三毒을 쉬게
한다. 그런 후 청정한 계戒를 지니고 선정禪定에 들면 마음에 걸
림이 없는 자유와 지혜를 얻을 수 있을 것이다.

명상은 영혼의 휴식을 위한 시간이 아니라 영혼의 등급을 올리기 위한 공부이다. 불가에서 참선하는 것을 공부한다고 말하는 것은 지식을 얻기 위한 학교 공부나 다름없음을 설명하고 있다. 사실은 그 이상이다. 계를 지켜 선정에 들면 진리의 근원인 지혜가 나타나 영혼의 청정뿐 아니라 위대한 실체의 본성을 만날 수 있다.

부처는 일찍이 구리성拘利城 북쪽의 한 나무 아래에 머무르면서 다음과 같이 말하였다. 이것이 장아함경長阿含經을 이루고 있다.

"너희들은 마땅히 계를 지니고 선정을 생각하며
지혜를 깨달아라. 이 세 가지를 잘 지키는 사람은
덕망이 높고 명예가 더 날리게 될 것이다.

음란한 마음과 성내는 마음과
어리석은 마음과 잡된 생각이 없어질 것이니,
이것을 일러 해탈이라 한다.
이 계행이 있으면 절로 선정이 이루어지고
선정이 이루어지면 지혜가 밝아지리니,
이를테면 흰 천에 물감을 들여야만
그 빛이 더욱 선명하게 되는 것과 같다.

이 세 가지 마음이 있으면
도道를 어렵지 않게 얻을 것이고,
일심一心된 마음으로 부지런히 닦으면 이생을
마친 후에는 청정한 곳으로 들어갈 것이다.

만약 계戒, 정定, 혜慧의 삼행을 갖추지 못하면
결코 윤회에서 벗어나기 어려울 것이다.
그러나 이 세 가지를 갖추면 마음이 저절로 열려
문득 천상, 인간, 지옥, 아귀, 축생들의 세상을 보게 되고
온갖 중생의 생각하는 것도 알게 될 것이다.
이는 마치 시냇물이 맑아야 그 밑의 모래와 돌, 자갈들의
모양을 환희 들여다볼 수 있는 것과 같다.

깨달은 사람은
마음이 밝으므로 보고자 하는 것이 다 드러난다.
도를 얻으려면 먼저 그 마음을 깨끗이 해야 한다.
마치 물이 흐리면 그 속이 보이지 않는 이치와 같다.”

불조佛祖의 마음법을 증득하기 위해서는 계율을 지키고 선정에
들어야 한다. 먼저 정신을 집중해야 하며, 항시 깨어 있는 자세인

관觀을 완성해야 한다. 그러나 이것들도 완전하다고 보장할 수가 없다. 지혜란 정법의 완성된 수행자만이 가지는 무위의 법력이기 때문이다.

완전은 완성된 것이 아니다. 자연의 있는 그대로의 모습이 완성이다. 자연은 그들이 지닌 속삭임과 흐름을 '묘한 촉감과 묘한 작용'으로 대변한다. 마치 어둠의 밤이 지나면 새벽의 여명이 오듯, 반드시 '묘촉과 묘용'을 만나야만 비로소 정도正道의 무심임을 안심할 수 있다.

기수련이든 또 다른 어떤 형태의 일심이든 간에 오랜 시간 집중하면 에너지를 만들어서 초능력을 구사할 수 있다. 그러나 그것은 법신계의 맑음의 법력이 아니라, 심령계의 영적인 힘으로 무속의 에너지로써 유한하고 가치 없는 마왕의 짓거리임을 잊지 말아야 한다.

단丹의 생명력

부처의 제자 중 바바리跋迦犂는 중병에 걸려 있었다. 다른 제자들과 동행하지 못하고 도반道伴의 간병을 받으며 혼자 외진 곳의 옹기 굽는 곳에서 앓고 있었다.

부처는 바바리를 문병 갔다. 그리고 병세에 대하여 여러 가지로 물었다.

"병은 좀 어떠한가, 견딜 수 있는가? 밥은 잘 먹는가, 고통은 더 함이 없이 좀 덜한 편인가? 병은 차차 낫는 길로 나아가고 있는 가?"

그러나 바바리는 비관적이었다.

"아닙니다, 부처님이시여. 고통은 성하고, 입맛은 나아지지 않습 니다. 병은 더하는 길로만 나아갈 뿐입니다."

그러나 부처인들 속수무책이었을 것이다. 그의 병고를 조금도 덜 어줄 수 없었다.

공자孔子도 마찬가지의 일을 겪었다. 염백우冉伯牛는 덕행德行으 로 뛰어난 공자의 10대 제자 중의 한 사람이다. 그런데 백우가 병 이 있었다. 악질惡疾이라고 하는데 문둥병일 것으로 짐작된다. 그 리하여 공자의 문하생들과 어울리지도 못하고 사람을 피하여 혼 자 지냈다.

백우가 병에 걸렸다. 공자가 문병을 가 남쪽으로 나 있는 창 문으로 그의 손을 잡고 말했다. "가망이 없구나. 천명天命이로

다. 이 사람이 이런 병에 걸리다니! 이 사람이 이런 병에 걸리
다니!"

_『논어論語』 옹야雍也편

부처나 공자는 아끼는 제자들이 중병에 걸려 죽어감에도 어쩔 수
없음을 한탄하며 눈물을 삼킨다. 그러나 고신도의 수행법은 불
로불사不老不死를 제창하며 생활선도를 표명한다. 백회의 가동은
질병은물론 지난 생의 카르마를 녹일 수 있어 현대의학에서 손을
든 불치병 등의 완치를 수행의 보상으로 챙길 수 있다.

눈에는 보이지 않지만 인체에는 기혈氣血의 순환로인 경락이 존
재한다. 이것을 유통시키면 모든 질병을 치유하고 극복할 수 있
음을 오늘날의 한의학이 증명하고 있다. 경혈經穴은 인체의 생명
력을 관장하는 초자연계의 문이다. 비록 과학적으로 밝혀져 있지
는 않지만, 북한의 김봉한 교수가 과학적인 자료와 시험테이트를
설명하였고 서울대학교에서도 동물실험에서 그 존재를 과학적
으로 입증한 바 있다.
그러한 과학적인 입증이 아니더라도 한의학은 수천 년의 임상경
험으로 경혈이론을 진리로 간주한다. 병이 들면 경혈이 막히고,
경혈이 막히면 질병이 생긴다. 경혈의 개혈이 치료의 핵심으로

완쾌를 의미하고, 결국 경혈을 열지 못하면 죽음으로 연결된다. 경혈과 경락은 생명의 원천으로 그 존재 자체가 생명이며, 사멸이 죽음이다. 이와 같은 이론으로 볼 때 생명의 기초는 우주에너지의 프라마, 즉 기氣임을 부정할 수가 없다.

수식관으로 시작되는 단전호흡은 생명의 에너지를 인위적으로 증폭시킬 수 있는 고신도수행법의 시작이며 근간이 된다. 생로병사의 흐름도 단전丹田의 뜨거운 열감으로 지연시키며 또한 질병으로 기능이 저하되어 냉해진 장기도 뜨거운 단의 생명력 앞에서는 다시 활발한 본래 기능으로 돌아와 건강한 육체를 만들수 있다.

소주천

소주천은 인체 전면부의 임맥과 후면부의 독맥을 유통시키는 일생일대의 공부로써 임·독맥에 소속된 모든 경혈이 열려야만 비로소 가능하다. 반드시 단전에 축기가 되어야 하고 축기가 됨으로써 자연스럽게 기운이 인체의 회로(경락)를 따라 움직인다. 축기를 완성하기 위해서는 단전의 위치가 정확해야 하며, 자세 또

한 비뚤어져서는 안 된다.

고신도 수행이 타 종교의 수행법과 다른 점은 육체가 건강하지 못하면 최상의 도법道法을 성취할 수 없음이다. 건강한 육체에 건전한 정신이 깃들 듯, 똑바른 자세와 맑은 정신의 바탕 위에 불로불사의 신선이 되는 길이 보인다.

흔히 단전호흡을 어떻게 하면 소주천, 대주천의 경지에 들 수 있겠냐며 신중하게 물어오지만 특별한 비법이 따로 있는 것은 아니다. 단전인 하복부의 복식호흡이 기운을 만들지만 수식관의 정신통일 외에는 다른 비법이 없다.

굳이 비법이라면 '쉼 없는 정진'만이 있을 따름이다. 지속적인 운동과 무심의 정신통일을 병행하여 건강한 몸을 우선하는 생활선도는, 굳이 출가를 하지 않아도 깨달음을 얻을 수 있는 우리나라 고유의 심신수련법이다.

　去 去 去 中知　　　行 行 行 理覺

　가고 가면 알게 되고,　행하고 행하면 저절로 깨닫게 된다.

흔히 시중에 알려져 있는 중국의 기공호흡법은 숨을 길게 쉬고 길게 내뱉는다. 그리고 손바닥 위에 뜨거운 물체가 있다고 가정하고 의념으로 기를 돌린다. 이들의 행위는 고신도의 수행법과는 완전히 다르다.

이들은 의념意念으로서 허리 부위에 명문혈로 기운이 들어온다고 생각하여 기를 단전에 모으고, 또는 손바닥 위에 뜨거운 불덩어리가 있다고 생각하여 기운을 일으켜 임·독맥을 유통시키기도 한다. 그러나 이는 최면상태의 트랜스일 뿐 아무런 의미가 없다. 의식의 집중은 염력을 만들면서 영계와 접촉한다. 염력은 빙의령을 불러들여 역에너지를 조장하면서 두뇌의 경혈을 막아버려 정법수련과는 전혀 다른 길을 재촉하게 된다.

정법이란 '구하지 말고 의지하지 말며 상相을 짓지 않는 것'으로서 의식의 동원(用心)을 금기시한다. 의식을 내려놓는 것으로 오직 결과를 기대하지 않고, 구함이 없으며 착着이 없는 자연스러운 집중이 맑음을 만들고 육신의 건강과 기운의 밀도를 높인다.

인체 전면부의 임맥은 회음부의 회음혈에서 시작하여 아랫입술의 승장혈 등 24혈로 분포되어 있으며, 후면부의 독맥은 항문과 미골단의 장강혈에서 시작하여 인체의 후면부를 지나 두정의 백회혈·코밑의 인중혈·윗입술의 태단혈·윗잇몸의 은교혈 등 28혈로 이루어져 있다.

단전에 축기가 되면 아랫배의 뜨거운 열감과 함께 명문혈에서 따뜻함이 전해진다. 이러한 열감이 수행의 진척에 따라 독맥을 타고 흐름을 나타내면서 주천周天이 시작된다. 편의상 감흥이 빠르게 나타나고 경혈의 위치를 쉽게 찾을 수 있는 경혈점은 앞의 그림으로 대신하니 참고한다.

수행 중에 까닭 없이 명문혈이 막힌다든지 혹은 빙의령에 시달린다면 초기의 축기 수련으로 다시 돌아가야 한다. 이때에는 와선臥禪을 중심으로 행해야 한다. 1회 1시간, 1일 3회 이상의 강도 높은 수련과 매일 1~2시간의 등산으로 몸을 맑게 하는 공부만이 장애를 극복할 수 있다.

기도와 명상

신은 우리에게 많은 축복을 준다. 무한한 햇빛과 맑은 공기 그리고 시원한 물 등 주위를 둘러보면 언제나 신의 가호와 보호 속에서 우리는 안주하고 있는 것을 알 수 있다. 신은 항상 우리가 균형과 조화 속에서 행복을 누릴 수 있도록 축복하시고, 인간이 요구하지 않아도 우리가 필요로 하고 원하는 것은 무엇이나 제공한다.

이러한 신을 기독교에서는 절대자 하나님으로, 초인간적인 인격체로서의 존경과 두려움을 표시하게 된다. 마찬가지로 이를 불교에서는 공空이라 하며 그 자리를 진여眞如, 즉 있는 그대로의 모습이라 설명한다. 또 다른 이름으로는 본래면목本來面目, 본성本性, 부모미생전父母未生前 혹은 진아眞我라 하여 수행의 목적지로 삼는다.

기독교의 교리가 절대자 하나님의 구원이라면 불교의 참선은 진리를 찾아가는 깨달음의 여정이다. 절대자의 구원이든 깨달음의 여정이든 그 길은 오직 기도와 명상만으로 그곳에 당도할 수 있다. 모든 종교를 떠나 그 궁극적인 길과 목적지는 동일하다. 서울로 가는 길은 여러 갈래지만 목적지는 하나이듯이, 그 해답은 집중이며 정신통일이다.

명상이란 영혼과의 대화이며 본성을 찾아가는 길이다. 기독교식으로 말하면 신께 감사드리는 묵상기도이기도 하다. 교회에서는 기도보다 한 단계 위의 응답이 하나님의 말씀으로 이어진다. 오랜 기도와 묵상 속에서 하나님의 말씀이 두뇌를 통하여 전해진다. 이러한 응답은 성령과 함께 내려와 확연하게 인간세계의 좌표가 되며 실행에 옮겨지면 겨자씨가 한 그루의 거목이 되듯 나타난다.

> "위로부터 온 이는 만물 위에 계시고
> 땅에서 난 이는 땅에 붙어 땅의 것을 말하느니라.
> 하늘로부터 온 이는 만물 위에 계시나니
> 그가 그 보고 들은 것을 밝히되
> 그 밝힘을 알아듣는 이가 없도다.
> 그의 밝힘을 알아듣는 이는 참이신 하나님을 아느니라.
> 하나님이 보내신 이는 하나님의 말씀을 하나니
> 이는 하나님이 성령을 한량없이 주심이니라.
> 아버지께서 아들을 사랑하사 모든 것을 다 그 손에 주셨으니
> 아들을 믿는 자는 영생이 있고
> 아들을 따르지 아니하는 자는 영생을 보지 못하고
> 도리어 하나님의 노여움이 그에게 있느니라."
>
> _「요한복음」 3:31-35

내 마음속에 온 하나님이 성령이다. 성령이 그리스도이며, 하나님의 아들이며, 영원한 생명이다. 하지만 '말씀의 성령'이 공짜로 내려와 영원한 생명을 얻을 수 있다면 얼마나 좋을까!
교회는 믿음이 성령이 된다고 하지만 그것은 신학자의 견해일 따

름이다. 신학과 철학이 다른 점은 신학은 조건 없이 믿어야 하지만 철학은 무조건적으로 비판하며 의심하고 두드려 봐야 한다.

종교의 근본은 믿음과 실천〔行〕이다. 기독교 목회자의 오랜 진솔한 기도가 응답으로 이루어지는 것도 행이요, 가톨릭 수녀들의 진솔하고 복된 기도가 백혈혈을 개혈하는 것도 행으로의 체험이지만 이들은 단편적이며 일시적이다.

수행이 기도와 다른 점은 기도는 믿음을 우선으로 하지만 수행〔禪〕은 지혜라는 이름을 목적지로 삼고, 믿음보다는 아상我相을 내려놓는 실천으로 시작한다. '나'라는 의식을 내려놓으면 '개체의 자아에서 본래의 하나 됨'을 증명한다. 본래의 하나는 위대한 실체이다. 무한한 법력과 통찰력이다. 불교의 참선은 '위없는 깨달음(무상정등정각)'으로 행을 마감한다.

"나의 힘은 넓고 커서 되지 않는 일이 없다.
또 나는 보지 못하는 곳이 없다.
그리고 그 가운데서 오직 하나(니르바나, 涅槃)만을
잘 알고 기뻐하고 있다."
_『열반경』

묵상黙想기도는 하나님에게 드리는 침묵의 기도이다. 이제까지는 내가 하나님을 찾고 하나님에게 무엇을 요구하는 기도였다면, 참선이나 명상은 요구하는 대신 하나님(부처)의 말씀을 마냥 듣는 순종의 기도일 것이다.

때를 같이하여 단전호흡도 묵상기도로 승화시키면 하나님(부처)의 말씀이 에너지가 되어 수행의 길을 재촉한다. 아직 완전한 것은 아니지만 초자연계의 느낌은 에너지를 객관화시키며 기의 감응으로 다가온다. 그러면 법신의 존재와 하나님의 말씀이 구체적으로 드러나면서 점점 가까워진다.

두정頭頂의 정중선 중앙에는 백회혈로 불리는 하늘의 문, 즉 천문天門이 있다. 인간이 하나님에게 다가설 수 있는 문이며, 하나님의 응답을 수신할 수 있는 안테나가 바로 여기다. 이곳은 현실과 초자연계의 길목으로 깊은 침묵의 명상을 통하면 누구나 하늘의 기운을 직접 느낄 수 있다.

생활선도

예수께서 말씀하기를 "사는 것은 영성靈聖이니 육신은 쓸데없다."(요한 6:63)라고 했고, 또 불전에 이르기를 "조견오온개공〔照見五蘊皆空: 地水火風의 사대로 지어진 오온(五蘊: 색·수·상·행·식)은 공空이라〕"이라고 했다.

성경과 불경에서는 육신을 아무짝에도 쓸모없는 것에다 비유하고 있다. 그러나 그것은 영성靈聖과 공空의 가치를 설명한 것이지 다른 뜻은 없다. 허나 자칫 그릇된 확대 해석은 육체를 폄하시킨다. 육신을 오욕칠정五慾七情으로 가득 찬 악마의 덩어리로 간주하여 오직 채근과 담금질로 개조한다며, 고행으로 그 가치를 소멸시키라는 말이 아니다.

부처도 "수행자들이여! 세속을 떠난 자가 마땅히 피해야 할 두 극단이 있다. 하나는 향락과 욕정만을 일삼는 삶이고, 또 하나는 고행만을 일삼는 삶이다. 이 또한 고통스럽고 어리석으며 얼마나 무익한 것이더냐!"라고 하셨다.
마음을 깨치기 위해서 곡기를 끊고 수마睡魔를 조복하여 피골상

접한 모습으로 도를 얻겠다고 함은 전혀 잘못된 생각임을 부처도 확실히 밝히고 있다.

고신도 수행의 기본은 생활선도이다. 수행의 모든 조건은 일상에서 시작하는 보편성을 강조하고 있다. 오직 건강한 육체에서 건강한 정신이 나오듯 극한 속의 고행보다는 실온室溫에서의 수행을 강조함은 당연한 귀결이다. 목표는 정신통일이지 고행이 아니라는 사실이다. 생활선도는 정상적인 부부관계도 필수 요건이다. 육체의 메커니즘이 요구하는 극단적인 금욕보다는 보편을 추구하며 삼학(戒學·定學·慧學)을 연마한다. 건강이란 내·외면을 다 포함한 것으로 건전한 정신을 바탕으로 한 수행정신과 올바른 자세를 갖춘 육신을 요구한다.

질병을 치료할 때 잘못된 자세를 교정하지 않으면 병마에서 헤어나기 어렵다. 병이 나면 자세가 틀어지고 또 척추가 바르지 못하면 그 마디에 연결되어 있는 장기의 기능이 저하되어 병을 일으키게 된다. 추나요법은 임상적으로 괄목할 만한 효과를 나타내지만 그것보다는 올바른 생활습관을 통해 바른 자세를 유지할 수 있도록 노력해야 한다.
그러나 이것만으로는 아직 부족하다. 기의 순환로인 임·독맥의 유통은 비뚤어진 척추를 처음의 바른 모양으로 회귀하도록 하는 자연의 힘이다. 자세뿐만 아니라 타격으로 비뚤어진 저자의 코뼈가 십 수 년이 지난 후에 소주천이 되면서 곧게 고쳐지는 현상은 고신도수행의 개가이다. 이처럼 선도仙道수련은 모든 질병에서 자유로워지게 하며 더구나 성형成形의 영역까지 놀라움을 선사한다.

진기眞氣가 독맥을 지나갈 때 척추(요추, 흉추, 경추)가 휘어져 있으면 기운의 파장이 약해진다. 요가나 스트레칭의 동작이 수행을 돕는 까닭은 몸의 유연성을 길러 바른 자세를 만들기 때문이다. 올바른 자세가 축기를 강화시키고 진기의 유통으로 주천周天을 함으로써 그 다음 수련단계인 백회를 열 수 있다.

초기수련은 손바닥의 노궁혈에서 제일 먼저 기운이 느껴진다. 전기가 흐르는 것과 같은 짜릿짜릿함이나 자석이 당기는 듯이 자력감이 온다. 환자나 건강이 좋지 않은 이들은 차가운 감이 올 수도 있다. 그러다가 수련이 진행되면서 뜨거운 열감으로 바뀌게 되는데 이것이 진기이다.

단전에 축기가 되면 뜨거운 기운이 인체의 회로인 경락을 따라 유주流住하며 지난날의 병의 흔적이나 진행되고 있는 병마의 뿌리를 들춰낸다. 이때 몸속의 병소病巢는 냉한 기운으로 바뀌어 밖으로 뿜어져 나간다.

신체의 어떤 부위가 갑자기 맺히는 듯이 통증이 있다가 시원해지거나 혹은 냉한 느낌은 병소가 빠져나가는 현상이다. 회음부의 회음혈과 발바닥의 용천혈은 수련이 한참 진행된 후에야 열리게 되는데 개혈 시에 그 부위가 냉함과 시원함을 연속해서 느끼게 된다. 집중이 강화되어 단전이 뜨거워지면 몸속의 병소는 냉기로 바뀌면서 회음혈로 배출된다.

특히 회음혈은 인체의 탁기가 집중적으로 빠져나가는 경혈로써 그 기능이 탁월하다. 용천혈은 회음혈이 열린 후 개혈된다. 용천혈이 시원하다는 것은 몸속의 탁기가 결정적으로 빠져나가는 현상이다. 만성의 고질병이 해소 완화되면 시원한 느낌이 자주 일어난다.

매일 마시는 술의 알코올 독소는 그때그때 용천혈이나 발의 정혈井穴로 끊임없이 빠져나간다. 현직 고급 공무원인 본회 회원은 발바닥으로 냉기가 빠져나갈 때 용천혈에 부스럼 같은 큰 종기가 생기는 증상을 자주 보이곤 하였다.

수련이 진행되어 단전에 뜨거운 감이 느껴지면 벌써 등쪽 중간쯤의 명문혈과 척중혈에서도 같은 느낌이 들게 된다. 초기수련자는 느낌이 있는 듯 없는 듯, 긴가민가하지만 앞서가는 스승은 단번에 진기의 움직임을 간파할 수가 있다. 수련자가 느끼지 못하는 것은 몸속에 있는 탁한 기운이 진기를 흩트려 그 느낌을 흐릿하게 만들기 때문이다.

탁기가 단전의 열감을 에워싸게 되면 곧 느낌은 없어지고 열감도 사라진다. 십 수 년의 고행에도 소주천을 이루지 못하게 방해하는 것이 탁기이다. 탁기의 근본은 본인의 카르마(업장)이다. 수련을 방해하는 모든 장애 요소인 탁기는 전생前生의 업장인 빙의령의 변형이다. 이들은 수련의 단계마다 언제나 또 다른 형태로 출몰하여 청정을 방해한다.

구도자들의 밀어붙이기식 고행은 정진은 있으나 청정을 기대하기는 어렵다. 마음만 닦으면 성불한다지만 길을 잘못 들면 몸만 망치는 우를 범한다. 반드시 카르마를 지울 수 있는 단전의 힘을 길러야만 몸을 지탱할 수가 있다. 건강한 몸이 있어야 비로소 심신의 청정을 갖출 수 있어 마음법의 진수인 이근원통법문을 만날 수가 있다. 그리고 그 힘은 고신도수행을 통한 무심의 관심일법觀心一法뿐이다.

기운

생명력의 에너지인 기운氣運은 음식물을 통해서 얻을 수 있다. 이를 땅에서 나오는 지기라 명하는데 육신을 영위하는 데는 필수 불가결한 요소이다. 그리고 충분한 수면과 여유 있는 휴식은 지기와 함께 인체의 에너지를 보충시킨다. 이처럼 음식이 아닌 가벼운 휴식이 인체를 활성화시키는 근원을 천기라 명한다. 호흡을 통하여 만들어진다고 고서古書에 기술되어 내려오고 있다.

기공이란 기氣공부의 줄임말로서 불가에서는 참선수행을 공부功夫라 통칭한다. 무술배우 이소룡이 연마한 쿵푸는 공부의 중국식 발음이다. 기란 모든 사물이 변화하는 원동력의 에너지로서 넓은 의미로는 우주창조의 에너지이며, 좁은 의미로는 우리의 생명력이며 자연치유력이며 면역체계이다.

기가 충만하면 건강하고 그렇지 못할 때는 질병으로 나타나 인체를 괴롭히는 장애요소가 된다. 흔히 기가 막힌다든지 기절氣絶이라는 등의 어휘는 기의 단절을 말한다. 단전호흡은 가슴으로 쉬는 흉식호흡이 아닌 하복부의 복식호흡을 뜻하며 이것은 갓난아이의 숨과 동일하다.

유아는 폐가 아닌 하복부 전체와 머리 위의 정수리에 숫구멍까지 들썩거리며 새근새근 잠든다. 그 모습은 예쁘고 귀여워 세상의 그 무엇과도 바꿀 수 없는 보물 같은 기의 결정체이다. 갓난아이들이 아무리 큰소리로 오랫동안 울어도 목이 쉬지 않는 까닭은 정精이 충실해서다. 이 또한 갓난아이들의 아랫배 호흡과 두정의 숫구멍으로 흡입되는 하늘의 기운 덕분이다.

단전은 배꼽 아래 2치寸 부근에 존재하는 생명력의 보고이다. 이곳은 기가 모이는 창고의 역할을 겸하고 있어 단전호흡은 어린이로 돌아가는 모태母胎의 호흡법이다. 단전호흡과 정수리의 백회혈은 고신도 수행에서 수련의 단계를 높이는 포인트로써 단전호흡으로 소주천을 이루고 백회혈의 개혈은 대주천의 시작을 의미한다.

이러한 단전호흡은 현대인의 건강을 위해서 만들어진 것이 아니라 고대로부터 전해오는 우리나라 고유의 고신도 수행법의 핵심이다. 이것은 중국의 도가가 나타나기 이전의 것으로 해동공자 최치원이 고신도에 대하여 언급한 구절이 『삼국유사』에 전해져

내려오고 있다

"나라에서 본래부터 내려온 도道가 있으니
　그 이름이 현묘지도玄妙之道이니라."

현묘지도란 고신도의 다른 이름이다. 이처럼 고신도는 어제오늘
의 단전호흡법이 아니라 단군 이전의 상고사에 기록된 수련법이
다. 그러면 복식호흡과 단전호흡의 다른 점은 무엇일까? 아랫배
로 숨을 쉬는 호흡법은 같은데 어떻게 구분되는지 의문이 생기게
된다. 복식호흡이 무의식적으로 행하는 하복부의 호흡이라면, 단
전호흡은 숨을 쉬면서 정신을 모아 집중을 해야 한다. 마치 돋보
기로 햇빛을 모으면 불을 지필 수 있듯이 집중을 통해서만 우주
에 산재되어 있는 하늘의 에너지인 기를 모을 수 있다.

이와는 반대로 집중이 없는 호흡은 성악가들이나 긴소리 명창들
이 하는 복식호흡이다. 요가의 복부 웨이브호흡도 일반적인 복식
호흡과 동일하다. 집중이 없는 복식호흡도 건강을 지키는 데 도
움을 주고 있는 것은 사실이나 그 효과는 한시적이며 유한하다.
그러나 단전호흡은 다르다. 집중이 주가 되는 단전호흡은 불로불
사의 신선이 되는 고신도 수행법의 초석으로 우리 선조들로부터

대대로 전해 내려오는 비술이다.

그렇지만 일상에서 집중하기란 그렇게 만만하지가 않다. 오죽했으면 불가에서도 삼매三昧라고 설명하는 집중의 집결처를 부처의 자리인 본성本性, 본심本心, 정각正覺의 출입문으로 이름하였으랴!

🧘 안반수의경

부처가 옛날 쿠루스(拘樓瘦)의 수도 캄마싯 담마(劍磨瑟曇)에 계실 때 수행자들이 마음을 어떻게 관찰해야 하는지를 다음과 같이 설법하셨다.

"마음으로 이 몸을 관觀하되 숨을 길게 들이쉬고
내쉴 때는 그 길다는 것을 알고,
짧게 들이쉬고 내쉴 때는 그 짧다는 것을 알아라.
이 몸이 어디 갈 때에는 가는 줄 알고
머물 때는 머무는 줄을 알며,
앉았을 때는 앉았음을 알고
누웠을 때는 누웠다는 상태를 바로 보아

생각이 그 몸의 행동 밖으로 흩어지지 않도록 하라.

또 즐거움을 누릴 때는 즐거운 줄을 알고
괴로움을 느낄 때는 괴로움을 알며,
괴롭지도 즐겁지도 않을 때는 또한 그런 줄을 알아야 한다.”

불경의 『대안반수의경大安般守意經』에는 호흡을 통하여 삼매에
도달할 수 있는 수식관數息觀 호흡을 자세히 설명하고 있다. 이것
은 호흡과 동시에 숫자를 관觀하는 호흡법으로서 부처가 깨달음
을 얻은 수행법이다. 이러한 수행법이 남방불교에서는 ‘위빠사나
vipassanā’의 독특한 관법觀法으로 완성되어 전해져 현現 불교의
화두법과 함께 참선의 맥을 유지하고 있다.
 기독교에서도 묵상기도와 관상기도 등으로 수행자의 길을 안내
하고 있어 돌이켜보면 모두가 일심一心을 이루기 위한 하나의 방
편들이다. 그러나 기도나 염불은 정신을 집중하는 목표는 같으나
애석하게도 신이나 부처에게 의지하는 요소가 많다. 그러한 연유
로 오늘날의 종교가 기복祈福으로 치우치는 결과를 초래했음을
거론하지 않을 수 없다.

 무주선사에게 두상공이 물었다.

"제자가 들으니 선사께서는
'기억하지도 말고, 생각하지도 말고, 망상하지도 말라'는
세 글귀의 법문을 말씀하셨다고 하는데 그것이 맞습니까?"
무주선사가 말씀하셨다.

"그렇다."
또 두상공이 말했다.

"이 세 글귀가 하나입니까, 셋입니까?"
무주선사가 말씀하셨다.

"기억하지 않는 것은 계戒라 이름하고,
생각하지 않는 것은 정定이라 이름하고,
망상을 피우지 말라는 것은 혜慧라고 이름한다.
한마음이 나지 아니함에 계와 정과 혜를 갖춤이니
하나도 아니고 셋도 아니니라."
두상공이 말했다.

"그 말씀은 근거가 있습니까?"
무주선사가 말씀하셨다.

"『법구경』에 이르기를
'만약에 정진할 마음을 일으킨다면 이것은 허망虛妄이고,
반대로 정진이 아니면서 능히 마음이 허망하지 아니하면
그것이 바로 진짜 끝없는 정진이라' 하였느니라."

두상공이 그 말을 듣고서 의심의 생각이 단박에 풀렸다.

집중은 그냥 집중이어야 하지 그 이상은 아니다. 만약 집중에 집착하거나 집중을 위한 집중이 되면 그곳에 잡혀 정진이 아님을 경계하고 있다. 도대체 불경의 말씀은 무슨 말인지 분간하기가 어렵다. '있는 것도 아니며, 있지 않는 것도 아닌 것'이 그 자리다. 있다고 해도 틀리고, 있지 않다고 해도 틀린 답이다.

종교가 대중을 위하여 필요하듯이 기초적이고 대중적인 것은 언어로써 설명이 가능하지만 그 다음 단계의 수행지修行地는 그것이 오직 방편임을 제시하고 있다. 계戒를 지켜 선정禪定에 들기 위해서는 당연히 집중을 지켜야 하고 집중으로 먹이를 삼아야 한다.

그렇다고 집중만으로 수행의 목표점을 갈 수 있는 것은 아니다. 선한 마음과 이웃을 내 몸과 같이 사랑하는 마음공부는 집중을 더욱 살찌운다. 그리고 바른 자세와 끊임없는 자기 성찰이 수행을 풍요롭게 한다.

특히 동서고금의 경전들은 표현이 조금씩 다르고 또 나름대로의 수행방법을 담고 있다. 시대와 환경에 따라 물론 변할 수 있지만 돌이켜보면 그 무엇 하나도 수행을 인도하는 스승이 아닌 것이 없다. 그 중 불교의 수행법인 고행과 참선으로 가는 '백척간두의 진일보'는 듣는 이들의 간담이 서늘하게 한다.

"백천간두百尺竿頭 여하진보如何進步, 백 척이나 되는 높은 장 대 끝에서 어떻게 하면 걸을 수 있겠는가!
옛 어른들이 말하기를 '백 척이나 되는 높은 장대에 올라가서 능히 앉을 수 있는 사람의 경지에 이르렀다고 하더라도 아직 진리에 이르지는 못하였다.
참 진眞에 이르기 위해서는 백척간두에서 다시 한 발자국 더 나아가 걸어보라. 그렇게 하면 시방세계의 모든 진리를 보게 되리라.'라고 했다."

선도와 경혈이론

동양의서 중 가장 오래된 『황제내경』은 전설적 인물인 황제헌원 씨가 6명의 명의名醫와 함께 인체의 구조와 질병에 대하여 토론 한 내용이 문답형식으로 쓰여 있는데, 현재 한의대에서 그 내용 을 연구, 계승하고 있다.
이 고전 의서醫書에 경혈과 경락설이 등장하는 바, 이미 그 당시에 이론이 완벽하게 정리되어져 지금까지 전해오고 있다. 오늘날의 한의학이 그때 그 시대의 학설에 바탕을 두고 사용되고 있음에, 옛사람들의 지혜에 놀라지 않을 수가 없다.

"인삼은 생으로 쓰면 양凉하고 익혀 쓰면 온溫하다. 수태음폐경으로 들어가며 기중가氣中加 약이다."
"감초는 모든 약을 고르게 하며 생生을 쓰면 사하瀉下하며 구灸하면 온중溫中한다. 족태음비경과 족궐음간경을 비롯하여 수족手足12경에 모두 들어간다."

후대의 의자醫者들은 약초의 성분들이 각 경락에 상응하여 질병을 치료하고 있음을 증명했고, 침술은 경혈의 부위에 직접 시술함으로써 모든 질환을 속효로 다스리고 있다. 이처럼 경혈과 경락은 기가 유주하는 인체의 생명회로生命回路로써 그 바탕 위로 한의학이 자리한다.

동양의학은 동양철학에 근간을 두어 만물을 음양陰陽과 오행五行으로 분류한다. 인체 역시도 소우주로 대비하여 경혈과 경락이론이 만들어져 있다. 1년이 12개월이므로 손과 발에 각 6개씩 12개가 흐르고, 1년이 음력으로 360일이므로 인체의 경혈 역시 360개로 모든 질병치료에 응용하고 있다.

중국이 자랑하는 마취침법 역시 경혈과 경락에 전기요법을 겸하여 취혈取穴한다. 이것을 이용해서 뇌수술을 무마취와 무통無痛으로 시술하여 미국의 의학자들을 놀라게 했다. 과학적 방법으로도 증명할 수 없는 경혈과 그것들을 잇는 경락을 과학으로 인정하게 된 것은 침술의 증험인 치료효과임에 틀림없다.

한방의학은 인체를 상초, 중초, 하초 등 세 단계로 구분하며 수승화강水昇火降의 원칙을 고수한다. 하초의 중심부인 단전은 기를 모으는 보고寶庫이다. 단전호흡으로 축기가 완성되면 뜨거운 욕탕의 물이 가득 차 넘치듯이 단전에 모인 기운이 인체의 회로인 경락을 따라 자연스럽게 유주하게 된다.

회음부의 회음혈로 시작하여 독맥의 기시혈인 장강혈을 지나, 인체의 후면부를 한 바퀴 돌아 다시 단전으로 되돌아오는 회로가 소주천이다. 이 회로가 열리면 수행자는 고수高手의 반열에 오르며 기공치료는 물론 상승의 무공을 얻을 수 있다.
황제의 방중술로 알려진 『소녀경素女經』'은 의서인 『황제내경』의 일부분이다. 인체 전면부의 임맥과 후면부의 독맥의 유주인 소주천은 불로불사 신선도인술의 비기이며 그것은 곧 접이불루接而不漏로 이어진다. 교접은 하되 사정을 하지 않는 것으로 뭇 여인들의 가슴을 설레게 하는 남성들의 희망봉이다. 궁궐의 수많은 여인들로부터 옥체를 지킬 수 있게 하는 것이 바로 단전호흡이다.

단전이 따뜻해지면 어느새 등쪽에 뜨거운 물줄기가 지나가듯 느낌이 나타나는데 이때가 소주천의 절호의 기회이다. 처음에는 기운이 올라가듯 멈추고 또 느낌이 사라지기도 하지만 계속해서 수행에 용맹정진하면 어느덧 온몸에 기감氣感이 뚜렷하게 나타난다.

특히 스트레칭과 느린 동작의 태극권은 기감을 확장시키는 중요한 요소가 된다. 매일 반복하여 일상의 습관으로 자리매김하도록 한다. 또 1~2시간의 걷기운동은 집중을 높이는 최대의 변수가 된다. 속보나 조깅도 좋지만 등산을 할 수 있다면 묘촉妙觸을 빨리 체험할 수가 있다.

운기가 활발할수록 인체의 특정 부위가 맺힌 듯이 답답함을 가져오는데, 이러한 현상은 단전호흡을 해서 생기는 이상증후가 아니라 심신의 청정에서 오는 감지능력이다. 마치 거울에 때가 끼어 있어 아무것도 비추지 못하다가 깨끗해진 거울 속에 대상이 비춰지는 모습과 같다.

심장에 이상이 있으면 가슴이 답답하여 막힌 감이 생기고 또 간장肝腸이 장애를 받고 있으면 우측 갈비뼈 밑에 통증이 나타나기도 한다. 등쪽에도 마찬가지다. 특히 흉추와 경추의 연결 부위인 대추혈에서도 강한 맺힘이 드러난다. 이러한 느낌이 나타나면 기운이 흘러가다가 막힌 그곳에서 멈추게 된다.

이때 의식이 멈춘 혈穴에 저절로 집중이 되면서 기운이 자연스럽게 모이게 되는데 무심의 관觀이란 바로 이러한 현상이다. 의식이 가는 대로 그냥 지켜보기만 해도 막힌 혈이 저절로 열리게 되는데 이것이 관법이다. 그러면 다음의 경혈로 기운이 연결되면서 자연스럽게 소주천이 이루어진다.

기운의 막힘없는 순환은 최상의 건강상태를 말한다. 이와 반대로 기운의 단절은 혈의 막힘을 가져와 질병을 유발하고, 불운과 장애를 가져온다. 이러한 혈의 막힘도 백회가 열려 관觀이 완성되면 자가 치료가 가능하며, 정진의 시간이 쌓이면 타인의 병도 기공치료가 가능해진다. 수식관호흡은 고신도 수행의 시작인 동시에 수행을 인도하는 전령사이다.

하지만 무심이 아닌 기교나 비법으로 무장한 수행법도 오랜 시간 집중하면 초능력을 가져와 완성된 듯한 착각을 일으킨다. 그러나 그것은 의미 없는 사상누각이며 말변지사未邊之事다. 그 능력 또한 유한하며 접신의 유혹에 빠지는 계기만 될 뿐, 오직 길이 있다면 '구하지 말고 의지하지 말며 상相을 짓지 않는' 무심의 정법뿐이다.

문답편

문_ 내공으로 기를 느낄 수 있는 최고의 방법은 무엇입니까? 그리고 단전호흡은 어떠한 병이라도 치료가 가능합니까?

답_ 단전호흡으로 집중을 유도하면 육신에 흐르는 아주 미약한 전류의 파장인 기를 감지할 수 있게 된다. 이것은 누구나 체험할 수가 있다. 특히 유년의 초등학생은 그 느낌이 확연하다. 그러나 몸에 질병이 있거나 사십이 넘은 중년층은 좀체 기의 느낌이 나타나지 않는다. 이러한 현상을 유추해보면 에고ego가 생기기 전이나, 건강한 육체가 유지될 때 정신통일이 쉽게 되며 또한 생명의 파장, 기를 체험하기가 쉽다.

집중의 치밀함은 기감을 증폭시키는 열쇠가 된다. 손바닥의 노궁혈이나 아랫배의 단전에 뜨거운 열감이 나타나 항시 몸상태를 유지시키며 젊음을 되돌린다. 그러나 기능이 떨어진 장기臟器나 만성질환으로 고생하고 있는 부위에는 답답함과 거북함이 생겨나

자연히 의식이 가게 된다. 심생종기心生從氣라, 의식이 가는 곳은 항시 기가 모이게 되니 자연스럽게 집중이 이루어져 자가 치료가 가능하다. 집중은 정신통일을 만들고 이것은 다시 에너지를 증폭 시킨다.

'따뜻하면 살고, 냉하면 죽는 원리'가 건강요법이다. 병이 발생하면 그 해당 부위가 냉해진다. 단전호흡으로 뜨거운 열감이 하복부 단전에 자리 잡으면 면역력의 증강으로 아무리 지독한 만성병이나 난치병일지라도 서서히 사라지게 된다.

문_ 외공과 내공은 어떤 차이가 있습니까?

답_ 외공은 스트레칭이나 기마세騎馬勢 등으로 단전에 기를 모으는 운동요법을 총칭한다. 요가나 태극권의 스트레칭과 느린 동작은 경혈과 경락을 개혈하는 데 도움이 된다. 그리고 손과 발을 흔드는 모세관운동, 진동요법은 평소 신진대사를 원활하게 하는 데 탁월하다.

이와는 달리 명상이나 단전호흡으로 기를 모으는 수행이 내공수련이다. 수식관의 복식호흡은 집중의 밀도를 강하게 하여 기운을 확장시키는 가장 핵심적인 요법이다. 그렇지만 좌선을 할 수 없는 경우에도 내공수련이 가능하다.

업무 중이거나 길을 걸을 때는 수식관호흡을 할 수 없다. 이때는 잠깐 동안의 '깨어 있는 자세'만으로도 기를 모을 수 있다. 지금 내가 뭘 하고 있는가를 챙기고, 왼발 오른발 구령 부치듯 하는 걸음걸이는 정신통일의 일종이다. 정신을 통일한다는 것은 한 곳에 집중함으로써 의식의 흐름을 멈추는 것으로 '깨어 있는 자세'가 곧 집중이기 때문이다.

문_ 집중과 단전호흡은 어떠한 상관관계가 있나요?

답_ 집중과 단전호흡은 '닭이 먼저냐, 달걀이 먼저냐' 하는 것처럼 전후가 없다. 이러한 집중은 마침내 관법이라는 어마어마한 힘을 소지하게 된다. 관觀의 완성은 태산을 움직일 수 있고, 천지조화의 원동력인 에너지를 만들 수 있는 무심 삼매의 초석이 된다. 결론적으로 '의식의 동원'이 아닌 '의식의 통제'에서 시작되는 명상수행은 선禪으로의 첫걸음이 된다. 부처가 8선정에서 뛰쳐나와 보리수 아래에 가부좌를 하고 얻은 깨달음의 경지가 바로 '의식의 통제'를 이끄는 수식관호흡이다. 『대안반수의경』은 깨달음을 얻을 수 있는 유일한 방법으로 수식관호흡을 기록하고 있다.

문_ 무식武式호흡은 무엇이며 또 문식文式호흡은 무엇입니까?

답_ 의식이 따르는 수식관의 단전호흡이 무식호흡이라면, 이보다

한 단계 발전한 자연스러운 호흡이 문식호흡이다. 숫자와 호흡을 관하는 수식관호흡이 수행의 고삐를 잡아 초발심을 만족하게 하지만 수행이 깊어지면 어느 날 수식관호흡에서도 나와야 된다.

그 시기를 불가佛家에서도 언급하고 있다. 화두를 잡고 의심하고 또 의심하는 의증을 잡고 있다가 어느 날, 은산철벽을 만나면 그 화두조차도 놓아야 한다. 그러나 아무도 그 시기를 아는 이가 없어 학설만 분분하다.

수행 초기에 삼매三昧는 잠과 함께 온다. 수식관호흡으로 선정에 들면 살며시 수마睡魔가 밀어닥친다. 이때는 잠을 쫓지 말고 수식관에서 해방되어야 한다. 수식관에서 숫자를 하나에서 열까지만 세고 열하나, 열둘을 세지 않는 이유는 종국에는 숫자까지 내려놓아야 하기 때문이다. 이 시점이 문식호흡의 시기이다. 오랜 정진의 시간 후, 기의 파장이 갈수록 세밀해져 묘한 촉감이 이곳저곳에서 나타나면서 초의식이 묘촉妙觸의 소용돌이에 파묻혀 자아를 잊어버리게 된다.

자연스러운 호흡(문식호흡)의 전환 시기는 굳이 호흡에 매달리지 않아도 집중할 수 있는, 묘촉이 나타날 때이다. 이러한 일은 묘촉을 경험해보지 못하면 언제 어느 때 자연스러운 호흡(문식호흡)

으로 바꿔야 할지 전혀 알 수가 없다. 고신도 수행은 언제나 수식관호흡으로 문을 열어야 한다. 초기에는 의자에 기대거나 누워서 하는 와선으로 하복을 강화시키는 단전호흡으로 시작해야 한다. 집중의 강도와 밀도를 높일 수 있어 앞으로 다가올 수행 중에 닥쳐올 수 있는 마장의 손길을 방어할 수 있다.

문_ 관觀이란 어떻게 하는 것인가요?
답_ 육신의 눈으로 보는 것을 견見이라 하고, 마음의 눈으로 보는 것을 관觀이라 한다. 육안으로 보는 것은 모두가 두뇌에 입력되어 지식이 된다. 지식과 지혜는 차원이 다른 것으로 지식은 주관적이라 현상계에 국한되지만, 지혜는 우주만물의 생성원리를 있는 그대로 이해하고 또 그것을 빌려 사용할 수 있다.

불경의 6신통은 청정심의 맑음이 법력으로 변한 것이며, 기독교의 치유의 은사는 성령으로 이루어진 것으로 두뇌의 지식으로는 이해할 수가 없다. 이러한 지혜를 일깨우는 심안心眼은 굳이 종교의 '믿음〔信〕의 교리'를 빌리지 않아도 정신통일을 통한 관법으로 개발할 수 있다. 일반적 집중은 염력의 에너지를 만들지만, '상相을 만들어 구하거나 의지하지 않는' 무심의 정신통일은 관법觀法으로 나타난다.

정신집중의 방식이 수식관에서 관법으로 전환되면 묘한 촉감과 묘한 작용이 온몸을 휩쓸고 마침내 두뇌의 고급혈들이 개혈되기 시작한다. 두정의 백회혈은 하늘과 통하는 문이다. 초기에는 천기의 출입을 주로 맡는 역할을 하다가, 관觀이 완성되어 맑음이 증폭되면 업장소멸의 출구로 거듭난다.

그 후 정진의 시간이 지속되면 마침내 인당혈이 개혈된다. 이마 중앙부의 인당혈은 지혜의 눈으로 부처님의 제3의 눈이다. 이윽고 맑음의 밀도가 극치에 달하면 인당혈은 뒷머리의 뇌호혈과 연결되어 하나의 터널로 완성되면서 이근원통이 개발된다. 옆머리의 태양혈은 사통팔달의 마지막 혈로써 최고의 가치를 가지는 경혈로 심령계의 지배와 법신계의 안착을 의미한다.

묘한 촉감과 묘한 작용이 점점 강도가 높아지면서 어느 날, 그 느낌이 보인다. 처음에는 느낌으로 시작되지만 그 느낌이 화면으로 전달되면서 마음의 눈〔心眼〕이 열린다. 심안은 감춰진 영의 모습도 꿰뚫어 볼 수 있으며 또 타인의 생각이나 선계仙界의 소식들을 접할 수 있어 광범위한 초자연계를 경험하게 된다.

이때쯤이면 하늘의 변화와 천지조화를 알 수가 있어 몸은 인간계에 있지만 심령계와 법신계를 두루 섭렵하는 고도의 수행자로 거듭날 수 있다. 이처럼 관觀은 영적인 세계를 지배하고 법계로 나아갈 수 있는 최고의 법력을 생산한다. 하지만 그 길은 오직 의식의 작용이 동원되지 않는 무위임을 잊지 말아야 한다.

문_ 와공臥功수련과 좌공坐功수련의 차이점은 무엇인가요?
답_ 기도와 참선은 모두 엄숙한 마음과 경건한 자세를 요구한다. 무릎을 꿇고 두 손을 모아 기도하는 모습은 평화롭고 경건하게 보인다. 또 허리를 곧게 세우고 앉은 가부좌의 참선은 선승禪僧의 경건한 모습과 뼈를 깎는 인내심에 저절로 숙연해진다. 그러나 고신도 수행은 경건함과 인욕의 형식보다는 초발심의 집중을 더 중시하고 있다.

의자에 기대앉거나 누운 자세는 다소 불량스러워 보이지만 집중을 위한 하복근의 단전호흡은 선택이 아닌 필수이다. 누운 자세가 계속되어 불편해지면 무릎을 세우거나 혹은 한 발을 들어 세운 무릎 위에 올려도 무방하다.
오로지 단전을 강화하는 집중의 수식관호흡이 수행의 첫발을 장식한다. 학생들은 보름(15일), 일반인은 대략 1개월 전후로 하복근의 발달이 이루어진다. 그때 좌공으로 전환하면서 와공과 좌공의 비율을 7:3으로 실시한다.

반가부좌는 책상다리보다 허리를 곧게 세울 수 있어 앞으로 일어날 기氣의 유주에 도움이 된다. 한쪽 발의 하중으로 장시간 지탱하기가 힘들면 30분마다 발을 바꿔 실시한다. 선방禪房에서는 왼쪽 발을 누르고 오른발을 위에 올리는 관습이 있지만 그것은 무시해도 좋다. 오히려 인체의 양쪽을 골고루 사용하는 것이 더 바람직하다.

결가부좌는 수행 초기에는 오히려 방해가 될 수 있어 삼가는 것이 좋다. 비뚤어진 골반과 척추를 바로 세우지 않고서 결가부좌를 감행하면 자세가 더욱 비뚤어진다. 골반과 척추가 비뚤어지면 질병이 발생하고 영적 장애의 침해를 받게 된다.

와공수련으로 단전이 강화되면 그때부터는 좌공수련으로 수행 자세를 변화시켜야 한다. 와공수련은 기의 밀도가 거칠 뿐 아니라 치밀하지 못하다. 더구나 지나치면 영적인 문제가 발생될 수도 있다. 그래서 좌공수련의 기운과 비교될 수 있지만 초기단계에서는 하복근의 발달을 위해 필수적이다.

반가부좌로 1시간 이상 지속이 가능하면, 그 이후는 본인의 육체 상황에 따라 결가부좌로 수행의 강도를 높여도 무방하다. 대략한 번 수행 시, 1시간 정도를 목표로 한다. 수행시간과 삼매는 비례하지 않지만 그렇다고 전혀 무관하지도 않다.

하지만 아직 너무 욕심낼 필요는 없다. 초기에는 하루 2시간 남짓 정도의 수행으로도 소기의 성과를 올릴 수 있다. 초기에는 와공 1시간, 좌공 1시간을 목표로 하되 굳이 연속해서 하지 않아도 좋으나 목표시간을 준수하고, 가능한 몸 공부(스트레칭과 걷기운동)는 매일 빠뜨리지 않고 1시간 이상 꾸준히 시행한다. 건강만을 위한 운동이 아니라 수행을 위한 운동으로, 올바른 자세와 마음가짐을 항상 유지하도록 한다.

문_ 불경의 『안반수의경安般守意經』과 고신도의 단전호흡과는 어떠한 차이가 있습니까?

답_ 시작은 다르지만 그 목적지와 결과는 동일하다. 참선수행에서도 단전호흡을 강조하지만 기의 감각은 무시한다. 단전호흡은 하되 기운을 따라가는 것을 금하고 있다. 어쩌면 기를 배척한다는 표현이 맞을 것 같다. 오직 마음만을 얻으면 본성을 보는 것으로 마음법외에는 어떤 형태의 수행법도 인정하지 않는다.

그렇다고 기공수련이 모두 옳다는 것은 아니다. 무심이 없는 기수련은 염력의 파장〔念波〕외에는 결코 맑음을 얻지 못한다. 기공수련자들은 기를 신주 모시듯 하여 마음법도 기운을 얻으면 저절로 깨쳐진다는 기공지상주의氣功至上主義에 빠진다. 기를 부정해도 안 되고, 기를 수행의 전부라 해도 틀린다. 오직 자연의 위불위爲不爲, 곧 '함이 없는 함'으로써 불전의 무주상보시의 귀감을 살펴야 할 것이다.

기운은 자연의 흐름으로서 이것을 배척해서도 안 되고 그렇다고 침소봉대하여 초능력자가 되어서도 안 된다. 오직 집착하지 않는 마음과 결과를 기대하지 않는 보시, 자연의 흐름을 그대로 지켜보는 것으로서 수행의 길잡이로 삼아야 한다. 자연이란 인위가 포함되지 않은 무위의 맑음이다. 무위의 맑음은 자연법과 코드가 같다.

고신도의 수행은 이러한 과정을 자세하게 설명하고 있다. 수식관 호흡을 기초로 단전호흡을 하면 집중의 결정체인 관觀이 만들어진다. 어떤 것에도 끌리지 않는 관은 결과에 대하여 언제나 초연하며 그냥 마음의 눈으로 보는 것으로 청정을 이끈다. 청정은 전생의 업장소멸을 주도하며 깊은 삼매를 위한 더 맑은 청정으로 발돋움한다.

"수보리야, 구도자는 물건에 집착을 가지고
보시를 해서는 안 된다. 물건뿐 아니라 무엇에도
집착을 가지고 보시를 해서는 안 된다.
소리나, 냄새나, 맛이나, 느낌이나,

생각의 대상에 집착을 해서는 안 된다.

이와 같이 수보리야,
구도자들은 발자취를 남기고 싶다는 생각에
집착하지 않도록 하여 보시를 하지 않으면 안 된다.
왜냐하면 수보리야, 만약에 구도자가 집착함이 없이
보시하는 공덕이 쌓이면, 쉽게 헤아릴 수 없는
무한의 정도正道가 되기 때문이다."

문_ 집중하면 초능력자가 될 수 있는지요?
답_ '정신일도精神一到 하사불성何事不成' 곧 정신을 하나로 모으면 이루지 못하는 일이 없다는 말은 초능력을 떠올려 신비감을 갖게 한다. 수행의 목적은 초능력이 아니지만 집중할 수 있으면 누구나 초능력을 얻을 수는 있다. 무술인의 격파술 등 육신의 한계를 뛰어넘는 외공술外功術과 무당의 산기도로 얻는 영능력이 초능력이다. 그러나 이들의 능력은 언제나 한계가 있어 눈요깃감으로 전락하고 만다.

수행의 목표는 해탈로서 이들의 초능력과는 확실하게 구분이 된다. 해탈은 심령의 자유와 함께 법계의 진출, 본성의 법력이 자유자재하다. 정신집중의 힘은 그 자체가 무심일 때 초능력뿐 아니라 모든 것을 더할 수 있고, 나아가서는 만물을 창조할 수 있는 '위대한 실체'의 일부분이 된다.

무심의 시작은 정신집중이다. 수식관호흡의 집중뿐 아니라 생활 속의 모든 것에 해당이 된다. 곧 집중하면 생각을 모을 수 있고, 잡념이 없으면 자아의 의식이 쉬면서 대자연과 하나가 된다. 쉽게 말하면 정신을 집중하면 기가 모이고, 생각이 많으면 손기損氣가 되어 건강을 해치게 되니 항시 생각을 단순하게 지킬 필요가 있다.

『안반수의경』의 수식관은 너무 난해하고 시행하기가 복잡하다. 고신도의 관법은 생활 속에서 시행하기가 간단하고 명료하다. 아침에 일어나서 양치질을 할 때 양치를 하고 있는 것에만 집중하고, 세수를 할 때도 세수한다는 것에만 집중하면 된다. 또 걸음을 걸을 때도 왼발에 집중하고, 오른발에 집중하는 생활태도가 '마음의 눈으로 본다'는 관법觀法의 시작이다. '항시 깨어 있는 자세'가 우리의 건강을 지키고 기수련을 더욱더 증폭시킨다.

문_ 단전호흡은 만병통치인가?
답_ 생로병사의 흐름은 인간의 숙명이지만 노화는 세월의 무게

보다는 질병과 근육의 유연성 부재에 있다. 삶은 언제나 질병을 동반하게 되고 병이 발생하면 그 해당부위가 냉해진다. "따뜻하게 하면 살고, 냉하면 죽는다."는 옛말은 질병치료의 시작점이다. 예를 들면 복통이 나면 배가 싸늘해지는데 이때 배를 따뜻하게 하면 금방 통증이 완화된다. 기침이 날 때 목을 따뜻하게 하기 위해 타월로 감는다든지 혹은 오십견으로 인한 어깨 통증을 완화하기 위해 항시 어깨를 따뜻하게 하면 증상완화에 도움이 된다.

단전호흡은 물리적 요법이 아닌 자연요법으로서 아랫배를 따뜻하게 하는 유일한 생명 호흡법이다. 이것은 곧 아랫배에 발전소를 가동하는 효과와 같아, 항시 몸의 냉함과 근육의 노화를 방지한다. 노老·병病·사死 역시도 냉冷으로 인해 오는 자연현상일 뿐이다. 장년층의 정력 감퇴, 피부노화, 갱년기 장애 등은 단전호흡을 통해 회춘이 가능하다. 단전호흡은 특히 노인성 치매방지에 탁월한 효과가 있다.

또 만성질환자나 난치병환자, 병명이 나오지 않는 병 때문에 고통을 호소하는 환자들은 수식관의 단전호흡으로 병세를 완화시킬 수 있을 뿐만 아니라 앞서가는 스승을 만나면 근치根治도 가능하다. 단전호흡은 수행의 한 방편으로 치료가 목적은 아니지만, 고신도의 수행은 질병이 없는 건강한 몸을 가져야 소기의 성과를 올릴 수가 있다. 결국 건강한 몸공부, 집중의 기氣공부, 종교의 마음공부가 조화를 이룰 때 성통공완性通功完을 기대할 수 있다.

문_ 단전호흡을 잘못하면 주화입마走火入魔를 당한다는데 그게 사실인가요?

답_ 불교나 기독교에서는 단전호흡을 경계의 대상으로 본다. 그 이유가 산사나 기도원을 찾는 이들 중 단전호흡을 잘못하여 정신병을 일으킨 사례가 비일비재하기 때문이다. 분명 단전호흡은 만병통치에 가까운 수준이라 할 수 있지만 엉터리 선생이나 사이비 종교단체에서 지도하는 기공수련법의 대부분은 영적 장애를 부른다.

"급하게 하면 핏주머니가 움직인다(動血囊)."
_『선가귀감禪家龜鑑』

불가에서도 참선을 잘못하면 핏주머니가 움직여 상기병上氣病에 걸림을 경고하고 있다. 졸저를 읽고 내방하는 스님 중에는 상기병을 호소하거나 상기병의 병력病歷으로 수차례나 자살 기도를 경험한 스님들도 있다.

근래에 출판된 성철스님의 시봉 스님의 저서에서도 스님들의 상기병에 대해 적나라하게 실토하고 있다. 상기병은 염력의 에너지가 두뇌의 신경회로를 제압해서 생기는 증상으로 주화입마라고 일컫는데 빙의령의 장난이다. 영이란 귀신이며 마왕의 하수인으로 두뇌를 장악하면 종래에는 정신병을 일으킨다.

정신집중의 명상이나 단전호흡은 눈에 보이지 않는 초자연계로 통하게 되어 있다. 하지만 이러한 초자연의 세계에도 수평이 아닌 수직의 여러 층이 존재한다. 초에너지의 세계는 심령계와 법신계로 구분되는데, 심령계〔靈界〕는 마왕이 지배하는 영역이며 법신계는 부처의 극락세계이다.

집착에 빠지거나 기복祈福에 연연하여 '구하거나 의지하며 우상에 집착하면' 언제나 심령계에 귀속되어 접신되면서 마왕의 지배를 받는다. 이와 반대로 법계는 '결과를 기대하지 않는 무주상보시의 보살세계'로 무념무상만이 이곳으로 안내한다.

불경에서도 무심만이 귀신의 침해를 받지 않는다고 누누이 강조하고 있다. 집중을 통하여 일심에 들어가면 누구나 영적인 에너지를 만나게 되고 또 이것을 사용할 수가 있다. 그러나 이러한 초능력은 자신의 힘이 아니라 영계의 힘으로서, 탐닉하면 빙의가 되어 귀신의 부림을 받게 된다. 무당이나 초능력자들의 대부분이 귀신을 받아들이는 내림굿으로 마왕의 하수인이 된 접신자接神者들이다.

주화입마는 본성의 힘이 남아 있어서 귀신을 거부하여 생기는 질환으로서 참스승을 만나면 씻은 듯이 치료된다. 아무리 오래된 칠흑의 어둠이라도 한 줄기 광명이 비추면 일순간 어둠이 사라지듯, 수행자를 괴롭히고 고통을 주는 초강력 악령의 존재라 해도 진사眞師에게 3~4개월 정도의 독대치료를 받는다면 얼마든지 치료가 가능하다.

문_ 자타일여, 우아일체, 신인일치의 경지는 고신도 수행에만 해당되는 것인가요?

답_ 공자孔子가 어느 날 제자들을 불러놓고 말했다.

"삼參아! 나의 도道는 하나로써 꿰뚫어져 있느니라〔吾道一以貫之〕."

증자(曾子: 曾參)가 대답했다.

"예, 그렇습니다."

공자가 밖으로 나간 뒤에 다른 제자들이 증자에게 물었다.

"그것이 무엇을 뜻한 말씀입니까?"

증자가 말했다.

"선생님의 도는 충忠과 서恕일 따름이니라."

_『논어』이인里仁편

충忠이란 하나님과 하나로 연결된 현상이며, 서恕란 이웃 사람들과 하나로 꿰뚫어져 있는 모습을 말한다. 하나님과 하나로 연결되었다는 것은 우아일체宇我一體와 신인일치神人一致를 말하고, 이웃 사람들과 하나로 된 것은 자타일여의 다른 설명인 것이다. 형이상학에 대해서는 별다른 언급이 없는 유교도 그 뜻이 포함된 의미는 수행의 선험先驗 그 자체이다. 불교의 이근원통耳根圓通 역시 그 말이 뜻하는 바를 상징적으로만 설명하지만, 상징에 앞서 수행의 과정을 같이 이해해야만 한다.

문_ 견성見性이란 무엇이며 백회혈과 어떤 관계인가요?
답_ 본성을 본다는 뜻으로 깨달음을 의미한다. 깨달음의 본성은 청정의 힘으로만 만날 수 있다. 청정은 시간과 공간을 초월할 뿐 아니라 지혜의 기반이 된다. 지혜란 깨달음을 인도하는 법력으로서 인간의 마음속에 간직되어 있는 영지靈知이며 하나님의 모습이다. 청정과 지혜는 둘이면서도 동시에 하나이다.
성경에도 이르기를 "우리 몸 안에 성전聖殿이 있고 하나님은 그곳에 거하신다."고 설한다. 본성은 하나님의 다른 이름이며, '위대한 실체'이다.

"나를 본 자는 아버지를 보았거늘

어찌하여 아버지를 보이라 하느냐.

나는 아버지 안에 있고

아버지는 내 안에 계신 것을 네가 믿지 아니하느냐.

내가 너희에게 이르는 말이 스스로 하는 말이 아니라

아버지께서 내 안에 계셔 그의 일을 하시는 것이다.

내가 아버지 안에 있고,

아버지께서 내 안에 계심을 믿으라."

_「요한복음」 14:9-11

'우리는 누구나 부처가 될 수 있는 불성을 가지고 있다'는 불전의 견해나 '나는 아버지 안에 있고, 아버지는 내 안에 계신다'는 성경의 말씀은 다 같이 본성의 존재를 의미하고 있어 견성見性 역시도 가능함을 제시하고 있다.

이와는 반대로 의식을 동원한 염력의 파장은 마구니와 연결되면서 두뇌의 경혈들을 모조리 막아버린다. 왜냐하면 천기의 출입문인 백회를 먼저 차단해야만 마귀에너지인 맹신의 족쇄를 채울 수가 있고, 인체를 장악하여 합리적이고 이성적인 생각을 마비시킴으로써 마왕의 임의대로 부릴 수 있기 때문이다. 그러므로 의식의 집착은 곧바로 마구니를 불러들이는 지름길이 된다.

불가에서도 도가 높은 선승들의 발달된 두부頭部의 꼭대기 두정頭頂을 육괴라 칭하며 존경의 대상으로 삼는다. 수행으로 한평생을 바친 선승의 모습에서 맑음과 함께 육안으로 나타난 불룩한 두정의 모습은 경외심을 불러일으킨다.

이러한 백회혈은 성령과 불보살이 왕래하는 출입문이기에 자칫 생각을 잘못 일으키면 가동을 멈추고 막히게 된다. 탐하거나, 성을 내거나, 어리석은 삿된 마음을 일으키면 끊임없이 내려오던 하늘의 기운이 끊기게 된다. 즉 백회혈이 막힌다는 의미이다.

이와는 반대로 '자아의 의식을 내려놓는 정신통일'이 자리 잡을 때, 백회혈을 중심으로 하늘의 에너지인 기운을 지속적으로 만날 수 있다. 이와 같이 기운을 체험하면서 가는 고신도의 수행은 몸과 마음인 성명쌍수性命雙修를 동시에 얻을 수 있는 인류 최고의 수행법이다.

문_ 두정頭頂으로 기운이 들어오는 느낌이 있는데, 이는 백회가 열린 것인가요?

답_ 임·독맥이 유주하여 소주천이 되면 백회에 저절로 반응이 온다. 두부 꼭대기에 스멀스멀 아지랑이가 피어나는 감이 오기도 하고, 가끔씩 청량한 기운이 들어오는 것 같기도 하다. 그러나 그것은 개혈의 시작을 알리는 것일 뿐 완전한 개혈과는 거리가 있는 초기단계에 불과하다.

백회는 6개의 카르마 층으로 존재한다. 카르마의 정복은 수행의 경지를 의미하는 것으로 한두 층의 개혈 정도는 별다른 의미가 없어 열리는 듯싶다가 곧 막혀버린다. 하지만 이곳까지 도달한 것만으로도 찬사를 보낸다.

모든 경혈의 구조가 이와 같아 백회혈 역시 한 번의 개혈만으로 열리는 것이 아니다. 6개 층의 카르마가 전부 해소되어야만 천문天門의 역할을 확실히 할 수가 있다. 그리고 백회의 6단계 완성은 기경팔맥의 하나인 충맥으로 연결되면서 드디어 대주천의 시작이 된다.

문_ "수레가 가지 않을 때는 소를 때려야 수레가 가지, 수레를 때려본들 아무 소용이 없다."는 조사祖師의 말씀은 몸이 아닌 마음을 깨우쳐야 된다는 메시지가 아닌지요?

답_ '견성성불見性成佛 즉심시불卽心是佛'의 마음법은 깨달음의 심요心要를 말하는 것으로 초심자가 이해하기란 무척 힘들다. 마음법이란 마음의 격을 높이는 것으로부터 시작해야 한다. 건강을 위해 하는 달리기는 수행을 위한 몸공부로 승화시켜야 하고, 자연의 정취를 느끼기 위한 등산보다는 수행을 위한 산행이어야 한다. 생활의 모든 것이 수행에 의한, 수행을 위한, 수행 그 자체로 재조명되어야 할 것이다.

몸의 유연함과 똑바른 자세가 인체의 생명력을 높이고 또한 성찰과 회심回心은 영혼의 격을 높이는 스승이 된다. 육체의 건강과 회심은 높은 영격靈格으로 승화하여 드디어 심신의 청정을 가져온다. 그리고 청정은 마침내 전생의 빚인 업장을 소멸시키는 법력이 된다.

마음법이 아무리 중요하다하나 본성을 둘러싸고 있는 업장의 껍질을 벗겨내지 못하면 결코 견성見性을 기대하지 못한다. 추상적인 마음법보다 구체적인 업장소멸 이후 청정심이 나타난다. 업장소멸은 맑음의 법력이 아니고는 불가능하다. 육체가 아닌 마음이기보다는 심신의 맑음이 우선이다.

구도求道란 '존재의 근원'이나 '우리가 사는 이유'를 찾아 떠나는 것이 아니라 절대계의 '위대한 실체'와 하나가 되기 위한 과정이다. '마음이 곧 부처'란 말은 '심신의 청정을 갖춘 마음'만이 부처를 만날 수 있음을 말한다.

문_ 영적인 장애를 일으키는 마귀를 물리칠 수 있는 힘이 경혈에 있다는데 어디인가요?

답_ 경혈은 한의학의 치료점이다. 어깨가 결리고 아프면 자연적으로 통증이 있는 환부를 두드리거나 마사지하고, 복통으로 배가 아프면 배를 움켜쥐는데 그 지압점이 바로 경혈이다. 이것이 발달하여 경혈과 경락을 이루고 한의학의 이론이 형성된다.

한의학은 침이나 약탕藥湯으로 경혈과 경락을 개혈하여 장부의 허虛와 실實을 조절함으로써 질병을 다스린다. 현대의학에서 난치병으로 구분되는 고혈압, 당뇨병, 암 등을 치료한 임상보고가 다수 있음을 상기해야 한다.

고신도 수행은 침이나 약초 대신에 수식관호흡을 통한 집중의 관법觀法으로 경혈을 개혈하는 수행법이다. 인체가 잡다한 세균에 의한 공격에도 버틸 수 있도록 하는 면역기능은 자연치유력이다. 이러한 면역기능을 경혈이 주관한다는 한의학이론에 의하면 질병치료는 당연한 결과이다. 특히 정신통일로 얻은 초자연계의 순수에너지[天氣]를 사용하면 영적인 질환에도 그 위력을 발휘할 수 있음을 고신도의 수행자들은 익히 알고 있다.

영적인 장애의 원인은 빙의령이다. 빙의령은 컴퓨터의 악성 바이러스와 같이 두뇌의 백회혈을 당차게 막으면서 두뇌의 신경조직을 마비시킨다. 이것은 백회혈이 영계를 제압하는 열쇠나 다름없기 때문이다. 그리고 보면 마귀의 에너지와 백회의 기능은 서로 정반대의 입장에 있다.

무속인은 해킹 당한 컴퓨터처럼 두뇌의 고급경혈들이 막혀 있는 탓에 천기의 보급이 중단된 상태이다. 마귀의 저급령에 의해서 지배, 조정 당하여 그들이 요구하는 바대로 역할을 대신하며 하수인 노릇을 톡톡히 하고 있다.

두뇌의 백회혈은 하늘의 기운이 왕래하는 천기의 출입문으로서 인체의 신경세포와 함께 신중하고 합리적이며 이성적인 생각과 언행을 주관한다. 우리의 신체에 신경이 없다면 건강을 유지할 수 없듯이 두뇌의 백회혈이 마비되면 이성적 판단이 흐려져 마귀의 꼭두각시역할을 자청한다. '웅덩이의 고인 물은 단시일에 부패하듯이' 두뇌의 백회혈이 막혀 빙의령의 지배를 받으면 어느 시점에 뇌질환이 반드시 나타난다.

정신통일은 두뇌의 백회혈을 개혈, 가동하면서 하늘의 기운을 무한정 받아들여 영계를 제압하여 마귀를 천도시킬 수 있는 막강한 능력을 배양한다. 그것은 오로지 '구하지 말고 의지하지 말며 상相을 짓지 않는' 정신통일이어야만 한다. 정수리의 백회혈, 앞이마의 인당혈, 뒷머리의 뇌호혈, 그리고 옆머리의 태양혈은 어떠한 악령의 힘도 화롯불 위에 잔설이 녹듯이 소멸되게 하는 위대한 법력의 산실이다.

무당과 사이비도사들은 한두 번의 천도재만으로 악령을 쫓을 수 있다고 하지만, 이미 영적 곰팡이가 지배하는 빙의된 몸은 귀신의 출입을 막을 수 없다. 습기가 찬 곳에는 늘 곰팡이가 생기듯이, 영이 빙의된 육신은 그 환경이 양명陽明하지 않는 한 끊임없이 영적 장애에 시달린다. 결론적으로 두뇌의 백회혈을 가동시키지 않는 한 악령의 제거는 불가능하다.

9.

깨달음

부처의 깨달음은 나서 죽는 상대적 존재인 육신에서 절대적 존재인 법신을 맞이한 것이다. 태어나는 것은 반드시 사라지는〔是生滅法〕 상대적 존재의 현상계에서 나지 않고 없어지지 않는〔不生不滅〕 절대세계를 깨달았다는 것이다. 깨달음은 관념으로 그치는 것이 아니라, 법신의 등장과 함께 절대적 존재인 니르바나涅槃와의 합일을 의미한다.

니르바나는 현실 속 어딘가에 있는 것이 아니다. 깊은 침묵의 참선 끝에 부처가 찾아낸 본래의 자리, 진여眞如다. 그래서 니르바나는 '있는 것도 아니요, 있지 않는 것도 아닌' 없으면서 존재하

는 것이다. 적멸寂滅이라 고요하고 고요한 원래의 자리이다. 소
소영령昭昭靈靈하고 성성적적惺惺寂寂하다. 밝고 밝아서 우매하지
않고 요요하게 항상 머물러 비추면서 창조를 주관한다.

『반야심경』은 절대계의 모습을 충분히 설명하고 있다. '색불이공
色不異空 공불이색空不異色 색즉시공色卽是空 공즉시색空卽是色', 즉
색色과 공空은 결국 상대(色)와 절대(空)의 문제이다. 색공일여色
空一如라 하지만 절대계의 주인인 부처에게만 통하는 말이다. 부
처의 깨달음을 얻지 못한 세속인들에게는 색공일여라 하면 상대
세계를 절대세계로 착각하게 된다. 공空은 텅 빈 우주의 의미가
아니다. 우주는 물질(色)이고 니르바나가 공空이다.

 오도송

조사祖師들의 오도송悟道頌은 후학들의 가슴을 용솟음치게 한다.
현암스님은 돌멩이가 대나무에 탁 부딪치는 순간 깨달음을 얻었
다 한다. 그래서 '현암격죽'이라 한다. 유정대사는 새벽에 수탉이
홰를 치는 소리에 대각大覺을 챙겼다 하니 돈오頓悟의 그 순간은
과히 환상적이다.

이처럼 깨달음은 어느 날 갑자기 우리 앞에 느닷없이 나타나는 것일까? 깜깜하던 이 마음이 뇌성 번개가 내려치듯, 일순간 엄청난 광명이 쏟아지는 것인가? 도대체 깨달음이란 어떤 형식으로 표출되는 걸까? 열반하신 성철스님은 몽중일여夢中—如가 깨달음이라고 제시하였고, 조사어록祖師語錄에는 달마가 서쪽에서 온 뜻을 묻는 '조사서래이祖師西來意'와 뜰 앞의 잣나무 '정전백수좌庭前栢樹者'라는 선문답만이 깨달음의 증표가 된다고 서술하고 있다.

불전의 수많은 법어法語들은 수행자에게 어둠의 질곡에서 탈출하는 훌륭한 비기秘記를 제공한다. 특히 깨달음에 관한 묘사는 갈증에 목마른 후학들에게 청량한 희소식이 아닐 수 없다. 그러나 문자로 전해지는 법어는 어기십성語忌十成의 오류가 본의 아니게 드러나게 된다. 어기십성이란, 말로써 전부를 전하는 것을 금한다는 것이다.

성철스님 사후, 돈오논쟁으로 매스컴을 뜨겁게 장식했던 그 때를 생생히 기억할 것이다. 불교의 교리를 포괄적으로 설명할 때 격물치지格物致知의 반대개념인 돈오를 설명한다. 불경은 사물의 물리를 하나씩 점차적으로 이해하고 습득하는 격물치지가 아니라, 인간의 신령스러운 지혜를 가지고 단번에 대우주의 물리를 터득할 수 있는 깨달음을 말하고 있다.

그러나 돈오가 이러한 포괄적인 개념이 아니라 수행의 깨달음의 시점을 돈오로 낙점하면서 조사들의 오도송을 소개하고 있다. 덩달아 모 인기작가는 소설이라는 명제아래, 수행법을 자기 나름대로 해석하면서 경허선사를 들먹이며 각覺의 의미를 왜곡하였다. 앞으로는 선禪수행자들이 더 이상 방법론의 중대성을 놓친 이야기꾼들의 혀끝에서 놀아나는 일은 없어야겠다.

누구를 막론하고 깨달음을 얻기까지에는 수행의 방법론을 거론하지 않고선 진정한 대각의 의미란 없다. 방법론의 중요성은 부처와 마왕이 되는 갈림길을 선택하는 이정표가 되기 때문이다. 문자란 양면의 칼날과도 같아 의사를 전달하고 기록으로 남기는 경우는 그 무엇과도 비교할 수 없다. 그러나 그것이 깨달음의 요소가 되어 개념을 전달할 때쯤은 숲을 얘기해도 나무로 알아듣는 우愚를 범하기 일쑤다.

무심법

정신집중을 하면 누구나 에너지를 만들 수 있다. 오랜 시간 정신을 집중하면 힘이 형성된다. 기독교의 하나님이든 불교의 부처님이든 아니면 무당이든 그곳에 몰입하고 또 몰입하면 초능력이 나타나고 신통의 소유자가 될 수 있다.

그러나 이것은 상相을 의지하고 구하여 만들어진 것뿐이다. 그들은 언제나 우상偶像을 앞세워 몸 둘 바를 모르며 황송하다는 자세로 칭송을 한다. 무당은 그렇다고 하더라도 그들과는 뭔가 달라야 할 고등종교까지 그러하니! 물론 종교적 의례를 비판하자는건 아니다.

부처는 깨달음을 얻은 이다. 우리는 부처를 만나는 것이 아니라 내가 부처가 되려는 것이다. 관세음보살을 친견하는 것이 아니라 내가 관세음觀世音이 되려는 것이다. 밤하늘의 달을 가리키며 '내 손가락을 보지 말고 저 달을 보라!'는 법어는 상相을 떠나야만 깨달음에 이를 수 있음을 의미한다.

불전에서 천상계를 33천으로 나누고 마침내 그 위에 무상정득정각을 설한 까닭은 여러 종류의 심령계의 등급과 오직 하나뿐인 법신계를 분류한 것이다. 부처의 신상身相을 모시고, 예수의 십자가를 숭배하며 불도佛道나 성도聖道로 자랑하지만 길을 잘못 들면 곧바로 마왕의 하수인이 되어 영계를 절대 벗어날 수 없다.

오직 무심법만이 심령계의 마지막 33천을 통과하여 무상정득정각에 도달할 수 있다. 무심은 생각을 내지 않는 것이 아니라, 응당 머무름 없이 내는 마음 '응무소주 이생기심'이다.
견성을 이룬 청정수행자는 한 치의 오차도 허용해서는 안 된다. 한순간의 집착이 수행을 그르치기 때문이다. 강도 높은 집중은 순간적으로 에너지를 형성하는 탓에 모든 것을 놓고 또 놓아야 한다.

방하착放下着이 모든 비결의 이정표이다. 지금까지 가지고 있던 모든 정보와 견해, 선입관까지 놓고 또 놓아야 한다. 한의학의 경혈이론도, 묘측도, 심지어 관음觀音조차도 놓아야 한다.
고급수행자라면 마땅히 지금까지 갖고 있는 애지중지하던 뗏목과 기대던 작은 버팀목까지 당장 내려놓고 무위자연에 순응해야 한다. 나쁜 습관을 버리는 것은 당연한 일이다. 하지만 불우한 이웃이나 말 못 하는 동물들에게 느끼는 측은지심은 그대로 간직하면 안 될까?

'내려놓는다는 것'은 육신의 욕망이 아닌 욕망의 근원인 의식을 내려놓는 것이다. 한번은 흑씨범지黑氏梵志가 부처님을 찾아뵈었다. 그는 두 손에 뿌리째 뽑힌 활짝 꽃이 핀 오동나무를 한 그루씩 들고 있었다. 흑씨범지는 수행을 통하여 이미 오신통五神通을 갖추고 있었던 것이다.

이를 본 부처님은 말씀하셨다. "놓아라."
흑씨범지는 오른손에 들고 있던 꽃을 땅에 놓았다.
부처님은 또 "놓아라."라고 하셨다.
흑씨범지는 이번에는 왼손에 들고 있던 꽃을 놓았다.
그러나 부처님은 또 "놓아라."라고 하셨다.
어리둥절한 흑씨범지는 부처님께 여쭈었다.
"저는 아무것도 갖고 있지 않사온데 무엇을 또 놓으라 하십니까?"
부처님께서 말씀하셨다.
"선인仙人아, 내가 놓으라고 한 것은 그대의 손에 들려 있는 꽃을 놓으라고 함이 아니다.
그대가 안으로 육근六根을 놓고,
밖으로 육진六塵을 놓으며,
중간에 육식六識을 놓아

가히 놓을 게 없는 데 이르게 되면
그때가 그대가 생사生死에서 벗어나는 때이니라."

 무념무상

초자연계란 악령의 영계와 맑음의 법계가 양분하는 곳으로 취사
선택에 따라 길이 달라진다. 소가 물을 마시면 우유가 되고 뱀이
물을 마시면 독이 되듯이 무심을 종지로 삼으면 부처가 되고 상
相을 의지하여 구하면 마구니가 된다.

"한 물건도 생각하지 않는 것이
곧 자기의 본마음이니〔不思一物 卽是自心〕이니,
그것은 두뇌로 알 바가 아니다.
다시 다른 수행이 없다.
여기에 깨달아 들어가는 자가 진짜 삼마제이다.
법은 거래도 없고 과거와 미래가 끊어진 것이니
그러므로 알라, 무념이 최상승이 되느니라.
모든 배우는 무리에게 말하노니,
밖으로 달려 구하는 것이 없어야 하느니라.

최상승의 선禪일진대 응당 짓는 것이 없느니라."

부처의 경지가 최상승最上乘이다. 보살은 상승이고, 연각緣覺은 중승이며, 성문聲聞은 하승이다. 연각은 스스로 도를 깨달은 이를 말하고, 성문은 듣고 배워서 깨달음을 얻은 이를 말한다. 계속해서 조사祖師의 말씀이 이어진다.

"무념無念으로 종宗을 삼고
무작無作으로 근본을 삼는다.
대저 진여眞如는 생각이 없음이라,
생각으로 능히 알 바가 아니요,
실상은 나는 것이 없음이라,
어찌 몸과 마음으로 능히 볼 수 있겠느냐?
무념으로 생각하는 것은 곧 진여를 생각함이요,
무생無生으로 내는 것은 바로 실상實相을 내는 것으로
머무는 것은 항상 열반에 머물고,
행하는 것은 곧 저 언덕에 뛰어남이라.
생각 생각이 구함이 없으며
구하는 것은 본래가 무념이니라."

불경의 무념무상無念無想이란 말은 무척이나 어렵다. 그러나 고신도의 수행에서는 경혈이 열리면서 무념무상이 구체적 체험으로 나타난다. '의식의 통제'에서 나오는 무념무상은 무위로 연결되어 두뇌의 고급경혈(백회)의 개혈을 독려하면서 관음의 지혜를 일깨운다.

청정하여라

어린아이들의 순수함은 마치 천사의 손길과도 같다. 심지어 혐오감을 주는 동물의 새끼조차도 어릴 때의 모습은 귀엽기가 그지없다. 하지만 수행자의 맑음도 이에 못지않아 만나는 이들을 감동케 한다.

티베트 불교가 세계인들의 관심과 존경을 받고 있는 것은 그들의 한결같은 무소유와 때 묻지 않은 맑음 때문일 것이다. 부분적으로 이해하지 못하는 행위〔예를 들어 기도할 때 쓰는 깃발이나 마니차(불경을 새겨 넣고 돌릴 수 있게 만든 둥근 통), 환생에 대한 믿음 등〕가 있음에도 불구하고 많은 사람들을 감동시킨다.

티베트 불교의 장식들은 마치 마을 어귀에 서 있는 장승이나 솟대를 보는 것 같아 웃음을 짓게 되지만, 피골상접한 수행자들의 모습에서 풍겨오는 맑음은 이방인의 발길을 멈추게 하기에 충분하다. 세속의 욕망을 억제하고, 오직 채식과 선禪으로 계戒를 지켜 육신과 영혼의 맑음을 얻을 때 수행자의 삶은 가치가 돋보인다.

고려 말의 각우覺牛스님은 자경문自警文을 지어 수행자에게 생활규범을 일렀다.

"좋은 옷과 맛있는 음식을 받아쓰지 말라.
내 것을 아끼지 말고 남의 것을 탐내지 말라.
말을 적게 하고 행동을 가벼이 하지 말라.
좋은 벗과는 친하고 나쁜 이웃은 멀리하라.
삼경三更이 아니면 잠자지 말라.
잘난 듯이 뻐기거나 남을 업신여기지 말라.
재물이나 여색은 바른 생각으로 대하라.
남의 허물을 말하지 말라.
대중과 함께 살 때 마음을 평등하게 가져라."

수행자라면 마땅히 맑음을 지녀야 한다. 육신의 맑음은 밖으로 드러나지만 영혼의 순수함은 가늠하기가 힘들다. 그 누구도 내면의 맑음을 설명하지 못하면서 오직 계戒를 지키기를 권하고, 선정禪定에 들면 지혜가 저절로 올 것이라고 기대한다.

그러나 여기에 수행의 방법론을 망각하고 전통과 비법만을 강조하면 그 끝은 심령계의 포로가 되어 참다운 청정은 기대하기가 어렵다. '의식의 동원'은 영계와의 접속을 서두르지만 '의식의 통제'가 가져오는 영혼의 맑음은 법력으로 나타나 수행의 가치를 승화시킨다.

마조선사가 말씀하셨다.

"도는 닦는 것이 아니고 다만 오염시키지 말아야 하는 것이니라.

어째서 오염이 되느냐? 나고 죽는 생사의 마음이 있어서

조작하고 취향에 따라 하는 것이 모두 이 오염이다.

만약에 그 도를 알고자 한다면 평상심平常心이

바로 도이다.

어떤 것을 평상심이라고 말하느냐?

인위人爲의 조작이 없으면 옳고 그른 것이 없어진다.

그러면 취향과 버리는 것이 없어지며

범부凡夫와 성인聖人도 없어진다. 그러므로 경經에 말씀하기를

'범부의 행도 아니며 성현의 행도 아닌 것이

바로 이 보살행이니라.' 하셨느니라."

관음법문觀音法門

'의식의 통제'가 무위로 진행되면 맑음과 함께 나타나는 것이 있으니 그것이 곧 관음이다. 오래 전 신비의 법문法問으로 전해 오는 소리〔音〕법문은 깨달음으로 가는 최고의 비기秘記이다. 우주의 첫 소리, 우주가 맨 처음 만들어질 때 나타나는 하늘의 소리인 옴(Ω)이 바로 이것이다.

『능엄경』에는 "모든 부처는 이 '음류音流'에 의지하여 내려와 중생을 제도하고, 보살과 중생은 이 '음류'에 의지하여 근원으로 되돌아간다〔如來逆流 如是菩薩 順行而至 覺際入交 名爲等覺〕."고 했으며, 관음의 종류를 '범음, 해조음, 승피세간음'으로 설명하고 있다.

『법화경』에도 내면의 소리인 관음에 대하여 종류를 언급하고 있으며, 음류의 존재를 확실히 한다. "이 소리를 만나면 수행인은 업장의 사슬로부터 해방되어, 자유를 찾아 윤회의 굴레를 벗어날 수 있음을 의심하지 말라."고 전해진다.

성경의 첫머리에도 우주가 시작되자마자 소리(말씀)가 있었음을 기록하고 있다. 이 말씀(word)은 천상의 노래[音]로 빛과 함께 천사들의 출현이 언제나 같이한다.

> "태초에 말씀이 있었고 말씀은 하나님과 함께 있었으며 말씀이 곧 하나님이다. 우주만물은 모두 그 소리로부터 창조되었으며 소리로부터 나오지 않은 것은 아무것도 없었다.
> In the beginning was the 'word[sound]'. and the word was with God. and word was God. everything was made by this, and nothing was not made by this."

성경에 등장하는 가브리엘천사와 미카엘천사는 소리와 불(빛)을 상징하는 모습이다. 이슬람교의 마호메트는 '동굴 속에서 금식기도 중 가브리엘천사의 부름을 받고 성령으로 거듭났음'을 전하고 있다. 또 불경에 등장하는 관세음보살과 아미타불 역시 소리와 빛의 법신이다. 고신도 수행에서도 원기原氣·원음原音·원광原光으로 기의 형태가 소리와 빛으로 변함을 애써 설명하고 있다.

불교의 진언(만트라)은 '불타佛陀의 말, 법신의 말'을 뜻하는 일명 주문이나 기도문이다. 이들 대부분이 '옴'으로 시작되는데 그중 가장 대표적인 것이 '6자대진언眞言의 옴마니반메훔'이다. 이

만트라(mantra, 眞言)를 평소에 염송念誦하면 영생의 극락으로 갈 수 있다는 믿음은, 소리법문을 잘못 해석한 일례가 될 것이다.

베트남 출신의 비구니 '칭하이 무상사'와 인도의 산트 다카르 싱을 추대하는 명상단체가 세계 각국에서 관음수행법을 전파하고 있다. 국내에서도 각각 200여 개의 지부가 활동을 하면서 영역을 넓히고 있는 것으로 알려져 있다. 칭하이 무상사는 구도의 오랜 방황 끝에 대스승을 만나 드디어 법法을 전해 받는다. 그것이 바로 관음법문이다. 달라이 라마와의 친분을 얘기하는 것으로 미루어보면 히말라야의 깊은 골짜기에서 수행의 터전을 이루고 있었던 것 같다.

 범음상

마조선사의 제자로 백장스님과 호형호제한 남전스님이 관음을 말씀하셨다.

"부처님이 60일 동안 도리천에 계시어 돌아가신 어머님을 위하여 지장경을 설법하셨다. 그때 우천왕이 부처님을 사모해서 신통제일 목련존자를 초청하여 장인匠人들로 하여금 부처님

의 형상을 조각하게 했는데, 다만 31상만 조각했고 오직 범음
상梵音相만은 조각하지 못했느니라.”

모 스님이 남전스님에게 물었다.

“어떤 것이 범음상입니까?”

부처님의 32상은 우리가 익히 아는 바이다. 그 중 31상은 육신이
특이한 모습이지만 나머지 하나인 범음梵音은 하늘의 소리로써
아무리 뛰어난 장인이라도 결코 조각할 수 없었음을 의미하고 있
다. 그러나 관음법문을 익힌 청정한 수행자는 그가 머무는 곳마
다 언제나 범음이 공간을 장식한다.

관음수행자觀音修行者의 맑음은 그가 머무는 공간에 상관없이, 어
떤 수행 장소에서든지 언제나 관음이 무지갯빛 파장으로 존재한
다. 그와 동행한 수행자나 후학들은 기운의 맑아짐뿐만 아니라
잠깐의 시간일지라도 관음의 보살핌으로 육신의 탁기를 한순간
씻어내게 된다. 더욱이 시간이 지남에 따라 각자의 업장소멸까지
그 범위를 넓히게 된다.

오래된 난치병이나 불치병을 선고 받은 환자의 경우에도 수행에
뜻을 두고 용맹 정진하여 관음을 득하면, 어느 한순간 기적 같은

일이 생겨 질병에서 벗어나기도 한다. 이처럼 관음은 멀리는 업장소멸에서, 가까이는 집안의 모든 우환과 질병의 질곡에서 벗어날 수 있는 관세음보살의 자비의 손길이다.

또 마조선사의 10대 제자 중 한 사람인 귀종선사에게 어떤 스님이 물었다.

"초심자가 어떻게 깨달아 들어가는 곳을 얻게 됩니까?"

이에 귀종선사가 부젓가락으로 솥뚜껑을 세 번 두드리고 물었다.

"듣느냐?"

질문한 스님이 말했다.

"듣습니다."

귀종선사가 말씀하기를 "나는 어째서 듣지 못하느냐?"라고 했다.

또 솥뚜껑을 세 번 두드리고 물었다.

"듣느냐?"

질문한 스님이 말했다.

"듣지 못합니다."

귀종선사가 말씀하였다.

"나는 어째서 듣느냐?"

질문한 스님이 말이 없거늘 귀종선사가 말씀하였다.

"관음의 묘한 지혜의 힘으로

세간의 고통을 능히 구하느니라."

관음수행자는 선정에 들면 관음의 파도가 무심의 저편으로 삼매를 맞이한다. 그뿐 아니라 평소의 '행주좌와行住坐臥 어묵동정語默動靜'에도 관음을 찾으면 그 지혜가 선정과 다름없다. 청정 수행자는 솥뚜껑을 두드리는 소리는 듣지 못해도 관음법문은 언제나 들린다는 선禪문답이다.

『법화경』 보문품에도 "관음의 묘한 지혜의 힘으로 능히 세간의 고통을 구원한다."며 관음의 신묘함을 강조하고 있다. 하지만 선禪이 아닌 교敎에 머무는 법사들은 관음을 상징으로만 생각하며 '솥뚜껑을 치는 소리와 관음'의 관계를 엉뚱하게 해석하고 있다.

관음은 모든 생명의 내면에서 진동하고 있으며 온 우주를 떠받치고 있다. 이 소리는 하나님의 내적인 힘이며 위대한 실체의 본모습이다. 전생의 모든 업장을 소멸시킬 수 있을 뿐 아니라, 모든 상처를 치료할 수 있으며, 모든 세속의 갈망과 갈증을 충족시킬 수 있다.

업장은 지난 생에 자의나 타의에 의해 저질렀던 개인의 악행이나 공적인 사건들을 총망라한다. 전생이나 전전 생에서 일으켰던 나쁜 행위를 말하는 것으로, 지금은 누구도 알 수 없지만 영혼의 기억 속에는 분명하게 입력되어 전해 오고 있다. 이것은 누구도 대신할 수 없으며 인과의 법칙에 의하여 반드시 준 것만큼 되돌려 받아야 하는 빚으로 카르마로 명명된다.

이렇게 무시무시한 카르마(업장)도 우주의 첫소리인 관음을 만나면 화롯불 위에 잔설이 녹듯이 사라진다. 어째서일까? 그것은 세상의 모든 것을 이 소리가 창조한 것이기 때문이다. 이 소리는 일종의 진동이며 법력이다. 또 이 소리가 나타날 때는 관세음보살의 화신이 화현하여 모든 것을 원래의 모습으로 되돌리고, 부족한 것을 채우는 것을 목격할 수 있다.

졸저를 보고 내방하는 수행자 중에는 선승禪僧들도 가끔 있다. 그분들의 한결같은 물음은 관음의 존재를 확인하는 것으로 승랍 40~50년의 기개를 감춘다. "관음은 『법화경』과 『능엄경』에 '하늘의 소리' '바다의 소리' '세간의 음이 아닌 소리'로 설명하고 있지만 그것은 상징적인 것으로만 내려오는데, 과연 그 소리법문을 본인도 전등傳燈할 수 있는지요?" 하고 되물어 온다.

관음은 누구나 청정하면 나타나는 것으로, 이 소리는 어린 시절 언젠가 들어 보았던 진동의 파장이다. 마침내 관음법문을 전수받으면 신기함과 묘함에 반신반의하게 된다. 그러나 이 소리법문이 곧 신통을 나타내지는 않는다. 어린 새가 날개가 있어도 창공을 훨훨 날지는 못하듯이, 시간과 정진이 같이 할 때 드디어 관세음보살의 화신化神을 만날 수 있다.

문_ 관음의 높은 법문은 이렇게 확실한데, 어째서 불경에서는 이것을 거론하지 않습니까?

답_ 모든 법문은 교리적으로는 의미 깊게 설하지만 선禪을 말할 때는 조사祖師들은 자세하게 설명하지 않는다. 자세히 설명하면 잘못 변질되어 사구死句에 떨어지기 때문이다. 그래서 조사들은 자세한 설명을 피한다.

'공성사구恐成死句 어기십성語忌十成'

사구가 되는 것을 염려해서 말이 십성十成이 되는 것을 피한다.

설명을 완전하게 구체적으로 하는 것을 십성十成이라고 한다. 십十은 완전한 것으로 이를 채우면 사구死句가 될까 두려워 조사들은 그것을 기피한다.

현재 관음법문을 전파하는 몇몇 단체들의 '신을 체험하라'는 슬로건은 관음법문을 변질시키고, 왜곡하고 있는 듯하다. 관음 역시도 집착하고 신봉하다보면 십성十成이 되어 관음신통에 빠지게 된다.

아무리 훌륭한 고급법문도 '응무소주 이생기심'이 되지 않으면 신통에 빠지게 된다. 오로지 집착이 없는 무주無住와 무작無作만이 주인공인 불성佛性을 만날 수 있다. 또한 주인공은 주인공일 뿐이다. 그곳에다 방하착放下着 한다거나 그곳에 매달게 되면 또 다른 집착이 생길 수 있음을 수행자들은 명심해야 한다.

집착과 분별심

고신도의 고급수행자의 맑음은 기공치료는 물론 퇴마의 최고법력을 구사한다. 이 모든 행위가 자타일여로 저절로 진행되는 무위행無爲行이다. 기를 보낸다는 의식도 없고 질병을 치료한다는 의식도 없다. 더구나 시공을 초월하여 지구 반대쪽에서 들려오는 전화목소리에서도 병을 점검할 수 있고 치료도 가능하다. 이 모든 것이 '함이 없는 함'으로 저절로 진행된다.

이러한 일들을 '기의 세계'라고 기수련자는 말하겠지만 기는 집중의 형태에서 발생하는 염력의 에너지이다. 의식이 만들어내는 염력의 에너지는 유한하지만 '의식의 통제'에서 나오는 무심법無心法의 법력은 창조적이며 무한하여 그 차원이 전혀 다르다.

사람은 사념이나 감정을 통해서 생각을 만들고 그 생각은 염력의 파장을 만든다. 결론적으로 염력의 파장은 감정을 통해서 진동한다. 염력의 진동방식은 그가 만들어내는 염력의 형태와 질을 결정한다. 그가 주로 감정을 통해서 진동한다면 그는 감정과 욕망의 영향권 아래에 놓여 있게 되고 생각은 그에 대해 추종적인 역할만 한다.

불경에서 집착과 분별심을 버리라고 하는 것은 생각의 파장을 지우는 일이다. 인간의 의식은 무의식이든 잠재의식이든 언제나 욕망의 에너지가 함축되어 있다. 따라서 수행자는 지계와 훈련을 통해서 의식의 작용이 없는 파장의 에너지, 맑음을 키우는 것을 강조한다.
무심으로 무장한 고급수행자는 마침내 관음을 득하면서 수행의 종착점에 도달하게 된다. 탐貪·진瞋·치癡의 삼독三毒을 정복하고, 계戒·정定·혜慧의 삼학三學을 무기로 삼아 '무소의 뿔처럼' 정진에 매진한 관음수행자의 맑음은 이제는 '있는 것도 아니요,

있지 않는 것도 아닌' 무위자연과 하나이다. 오로지 관음의 순수 맑음만이 시간과 공간을 초월하여 온 누리에 가득할 뿐이다.

백맥百脈이 열리고 관음을 득한 고급수행자라 해도 지난 생의 업장을 모두 녹인다는 것은 그리 쉬운 일이 아니다. 인류가 지구상에 등장한 것은 수만 년 전이라 한다. 그런 연유로 볼 때 우리의 삶은 한두 번 정도가 아닐 것이며, 우리의 업장 또한 한둘이 아닐 것이다. 업장소멸이 그렇게 쉽다면 고금古今 경전 속의 법어가 필요 없을 것이며 또 일생을 걸고 수행을 해야 할 이유도 없을 것이다.

치유능력이나 영적인 능력은 수행자의 목표가 아니다. 깨달음으로 가는 길에 저절로 얻어지는 보너스일 뿐이다. 하지만 가랑비에 옷이 젖듯 이러한 신통은 은근히 중독성이 있어 제때에 감지하지 못하면 고급수행자라 할지라도 빠져들 위험이 아주 크다. 이 모든 것은 육신을 가진 이상에는 언제 어느 때든지 나라는 에고ego에 사로잡혀 본인도 모르게 착着에 빠져 분별심에 노출될 위험이 늘 존재하기 때문이다.

집착과 분별심을 강조하는 것은 선악의 기준을 정하는 것이 아니라 선악을 초월하자는 의미에서다. 나쁜 생각과 마음은 금방이라도 지적할 수 있고 밖으로 드러나지만, 좋은 생각과 생명에 대한 측은지심의 착著은 자연스러운 것으로 좀체 드러나지 않는다.

악도 버리고 선도 버려라!
사람들이 선을 취하고 악을 버리고
공空을 관觀하고 정定에 들어가면
그것들이 올바른 것 같지만 그렇지 않다.
그것은 인위의 조작에 속하는 것으로
_마조선사

업장은 진한 어둠의 공간 속에 머문다. 어둠은 영의 본거지이다. 그래서 영은 어둠을 선호한다. 아무리 높은 고급수행자일지라도 아직 분별심이 남아 있다면 그 육신 속에는 영이 기생할 만한 어둠이 잔재한다. 마음이 집착하여 머무르면 분별심이 만들어지고 그 분별심이 어둠을 확장시킨다. 수행의 최대치는 맑음이다. 오직 집착과 분별심의 초월만이 순백의 맑음을 맞이하고 마지막 업장의 어둠을 밀어낸다.

맑음을 키우기 위해서는 마음이 머무르지 말아야 하며〔無主〕, 집착을 버려야 하고〔無着〕 오직 무심無心으로만 정진해야 한다. 머리로는 이해를 하겠는데 가슴으로는 확 와 닿질 않는다. 어떻게 하면 무주, 무착, 무심이 될 수 있을까?

'내려놓자!' 이 하나의 생각에 모두를 놓을 수만 있다면 얼마나 마음이 편안할까!

하지만 수행자로서의 맑음에 대한 우월감, 또 나만이 가질 수 있는 능력이라는 교만의 생각은 본인의식과는 상관없이 곧 착着을 만들고 신통을 키운다.

모든 신통은 맑음을 오염시키는 주범이다. 그때는 '또 마구니에게 틈을 보였구나!' '아직도 내〔我相〕가 있구나!' 따끔하게 성찰을 해야 한다. 견성 후의 보림이란 특별한 것이 아니다. '아! 맞다, 그렇구나!' 가슴에 전율이 느껴지는 진심의 성찰을 통해 자신의 무릎을 세게 칠 때 한 발자국씩 우리 앞으로 다가오고 있는 것이다.

🧘 마음공부

종교는 '가난하고 불우한 이웃을 내 몸처럼' 사랑하고 자비와 관용을 베푸는 것이 목적이다. 그런 이웃을 돕는 일은 물론 중요하지만 종교란 자신의 생존에 대한 그 의미가 우선이다. 고해苦海의 소용돌이 속에서 삶을 더욱 여유롭게 누릴 수 있도록 마음을 닦는 자기성찰의 산실이 핵심이다. 나아가 '이웃을 내 몸처럼 사랑'하는 실천사상으로 육신의 안위와 영혼의 영생을 얻기 위한 구함이기도 하다.

이 세상의 고통은 모든 것이 마음에 의해 일어나고 작용하는 것으로 가난한 자는 재물이 없어 고통스럽고, 부자는 재물의 양만큼 번뇌가 따르고 고통이 있다. 대재벌의 총수도 자살로써 삶을 마감하고, 비리에 연루되어 검찰조사를 받던 정치인도 그 순간의 모멸을 이기지 못해 스스로 삶을 포기하고 만다.

소시민의 입장에서 보면 그깟 자존심이 무엇이라고 소중한 자신의 목숨과 맞바꿀까 싶지만 마음의 힘은 좀체 가늠하기가 힘들다. 그럴 때면 '도대체 마음이란 무엇일까? 마음공부란 어떻게 하는 것일까?' 하는 의문이 생긴다.

도는 닦는 것이 아니라 오염시키지 않는 것으로서 먼저 탐욕의 불길을 제거해야 한다. 불경에서는 탐(貪: 욕심)·진(瞋: 성냄)·치(癡: 어리석음)를 삼독三毒으로 규정하고 있다. 이것을 쉽게 할 수 있다면 청정淸淨은 그냥 그대로 자연스럽게 나타난다.

삼독 중 최고의 우두머리인 '욕심'은 생명의 에너지원이다. 이것이 전혀 없다면 생명의 지속은 장담할 수가 없다. 그러나 욕심을 넘어선 탐욕은 악의 뿌리이며, 마왕의 시커먼 손짓이다.

'성냄'은 이기심의 근원으로 오염의 주원인이다. 일상에서 예사롭게 표출하는 화풀이는 남에게는 물론 본인에게도 영육靈肉 간에 심각한 후유증을 유발시킨다. 성내는 마음을 잡을 수만 있다면 마음공부의 절반은 정복한 셈이다. 성경에서는 누가 나에게 잘못했을 때 일곱 번씩 일흔 번이라도 용서하라(「마태복음」 18, 22)고 용서를 당부하고 있다. 화를 내는 행위는 욕심과 어리석음보다 더욱 인성을 황폐화시킬 수 있는 것임을 잊지 말아야 한다. 무심코 뱉은 한마디의 성냄은 주먹보다 더 큰 상처를 입힐 수 있다.

'어리석음'은 낮은 지능의 언행보다는 이성異性의 유혹으로 설명하는 것이 적절하다. 본능의 하나인 종족보존은 결코 죄가 될 수 없지만 수행자는 진리파지眞理把持가 목적인 이상 혼인의 유무와 관계없이 이성에 대한 동경심은 금물이다.

마음공부는 이타심利他心을 기르는 것으로부터 시작한다. 나의 이익은 남을 돕는 것으로 시작되며, 남에게 이익이 되는 행위는 지금 당장 내게 손해가 될 수 있다하더라도 큰 시각으로 볼 때 영혼의 격格을 높이는 행위가 되며, 언젠가는 현실적으로 나를 이익 되게 할 것이다. 역지사지易地思之는 항시 남의 입장에서 생각하며 행동하는 것으로 이타심의 핵심核心이다.

신광(神光: 慧可大師)이 달마대사에게 말하였다.
"여러 부처님의 법인法印을 가히 얻어들을 수 있겠나이까?"
달마대사가 말씀하셨다.
"여러 부처님의 법인은 사람으로부터 얻는 것이 아니니라."
신광이 말하였다.
"저의 마음이 편안치를 못하오니 스님께서 편안하게 해주실 것을 비나이다."
달마대사가 말씀하셨다.
"마음을 가지고 오너라. 너의 마음을 편안하게 해주겠노라."
신광이 말하였다.
"마음을 찾아봐도 마침내 가히 찾을 수 없나이다."
달마대사가 말씀하셨다.
"너에게 마음을 편안케 해주는 것을 마쳤느니라."

마음이 있기 때문에 괴롭다든지 편안하다든지 할 따름이다. 그러므로 본래 마음이란 게 없는데 편안한 마음과 불편한 마음이 어디에 있겠냐는 달마대사의 반문에 깨달음을 얻은 신광은 마침내 중국 선종禪宗의 제2대 조사祖師 혜가로 거듭난다.

본래의 마음자리(본성)는 고요하고 공적空寂하며 순수하여 그 작용은 신령스러운 지혜가 있다. 생각을 일으키지 말고 한번 마음을 보라! 마음은 텅 비어 있고 지극히 고요하다. 깊은 산속보다 더 고요하다. '마음의 본체가 본래 비고 고요한' 그것을 안다면 근심, 걱정, 괴로움을 다 떠나게 되어 마음속에 있는 불안과 공포를 모두 벗어나게 될 것이다.

마음을 찾아보면 그 자체로는 찾을 수가 없지만 펼치면 무한광대無限廣大요, 움츠리면 바늘 끝과 같은 한 점으로 그 용처用處는 시작도 없고 끝도 없는[無始無終] 광대무변의 공간이요 시간이다. 이것을 일컬어 불성佛性이라 명하고, 본성本性이라 이름한다.

"인간은 누구나 부처가 될 수 있는 불성을 가지고 있다."는 불전의 말씀은 본성의 의미를 더한다. 그러나 이 믿음을 의심하게 되어 다시 되물어 올 때, 마음이란 단어로 재조명된다. 마음이라고 표기하니 혼동되고 이해하기가 어렵지 이것을 본성이라 믿으면 간단하다. 이 위대한 실체인 본성은 생각이라는 업장의 티끌에 둘러싸여 있어 육신의 굴레를 벗어나지 못하고 윤회의 수레바퀴를 돌리고 있다.

살불살조殺佛殺祖

어느 스님이 혜충국사에게 물었다.

"발심하여 출가한 것은 본래 부처 구하기를 위함이니 알지 못하겠습니까만

어떻게 마음을 써야만 곧 성불을 얻을 수가 있습니까?"

혜충국사가 말씀하셨다.

"마음을 쓰는 것이 없는 것이 곧 성불함을 얻는 것이니라."

또 스님이 물었다.

"마음을 쓰는 것이 없다면 어느 누가 성불합니까?"

혜충국사가 말씀하셨다.

"마음이 없으면 스스로 이루나니 부처도 또한 무심이니라."

또 스님이 믿어지지 않아 되물었다.

"부처님께서는 위대한 불가사의가 있어서 능히 중생을 제도하셨지만 만약 마음이 없다면 어느 누가 중생을 제도합니까?"

혜충국사가 답하셨다.

"무심無心으로 제도한 것이 참으로 중생을 제도한 것이니라. 만약에 중생을 제도하고자 하는 마음이 있는 것을 본다면 곧 이 마음이 있는 것이니 그것은 유심有心이므로 무심이라 말할 수 없는 것이니라."

혜충국사는 육조혜능六祖慧能의 제자로 국사가 되었다. 국사가 된 스님에게 '성불하기 위해서 삭발염의하고 발심 출가했는데, 어떻게 용심用心해야만 성불을 얻을 수 있는지'를 제자가 물어왔다. 그러자 그는 '용심이 아니라 마음을 쓰지 않는 무심'이어야 함을 친절히 설명했다. 용심이 아닌 무심은 아무것도 하지 않는 마음이 아니다. 자연과 코드를 맞춘 ― 인위가 소멸된 무심은 즉 무위, '함이 없는 함'이다.

무심론無心論보다 한 수 진보된 '평상심이 도'라고 주장한 무심론의 거목은 마조(馬祖: 道一禪師, 통칭 馬祖道一이라 함)이다. 마조는 제6조 혜능의 손자상좌로 남악南嶽 회양선사懷讓禪師의 상수제자上首弟子이다.

마조가 좌선을 많이 익히는 것을 알고 선사가 어느 날 벽돌을 가지고 암자 앞에서 갈고 있으니 마조가 물었다.

"벽돌을 갈아서 무엇을 만들려고 합니까?"

선사가 말씀하셨다.

"갈아서 거울을 만들려고 한다."

"벽돌을 갈아서 어떻게 거울이 됩니까?"

"벽돌을 갈아서 이미 거울이 되지 않는 것을 안다면 좌선함에
어찌 성불함을 얻겠는가?"

수행방법론의 대두는 어제 오늘의 일이 아니다. 전통적 수행의
기법이나 특수비법으로 수행을 진행한다는 것은 어리석은 일이
다. 오직 내려놓음만을 위주로 하는 선방의 식견과 견해, 선입관
이 포함된다는 것은 시사해주는 바가 크다.

이것을 기조로 대각을 얻은 마조도일선사는 '평상심시도平常心
是道'로 심법의 선맥을 만들고 제자 남전南泉에게 계승한다. 이에
후세에는 오로지 남전의 말로 널리 알려지게 되었다(남전은 걸출
한 선승禪僧 조주趙州의 스승이다).

어떤 스님이 조주선사에게 "개에게도 불성佛性이 있습니까?" 하
고 물었더니 조주선사는 "없다(無)."라고 일언지하에 잘라 말했
다. '구자무불성狗子無佛性', 이 한마디는 불가佛家종문의 한 관문
으로 온갖 못된 지식과 견해, 그리고 그릇된 알음알이(分別智)를

꺾어버린 도구이며 또한 부처님의 면목이고 조사들의 골수라고 지칭되었다.

여기에서 한 걸음 더 나아가 황벽선사(黃檗禪師: 통칭 黃檗希運이라고 함)는 "무無도 버려야 한다."며 버릴 사捨를 주창했다. 모든 번뇌를 깎아내는 '무無'를 대패로 삼아 앞서나가지만 대패질과 함께 떨어지는 종잇장처럼 얇은 나무껍질인 포설飽屑의 알음알이가 또 한 번 공부를 그르치니 대패조차도 버려야 함을 지적했다.

"마음이 곧 부처요, 무심이 곧 도이니라.
그러므로 부처를 따로 구하려 하지 말 것이니
구함이 있으면 모두가 고통이니라.
몸과 마음이 모두 함께 없음을 이름하여 오도吾道라 하느니라."

다시 말하기를 "그대가 진정 자유롭고자 한다면 안으로나 밖으로나 몸과 마음에 대한 집착을 모두 버려야 한다."며 무착無着과 마음이 머무름이 없는 무주無住와 무심無心을 강조한다.

여기에서 끝나지 않고 '없을 무無'도 아니요, '버릴 사捨'도 아니라며 임제선사臨濟禪師는 마음이 낸 생각은 일념이든 무념이든 버려야 하는 것이 아니라 모두 죽여야 한다며 그 유명한 살불살조殺佛殺祖의 명언을 낳는다.

선禪의 검객 임제선사는 부처를 만나면 부처를 베고, 조사를 만나면 조사를 베라며 사자후를 토한다. "석가여래의 가르침은 다른 것이 없다. '수행자가 분별망상에 빠지면 육도중생으로 윤회하면서 고통을 받는다.'는 것을 왜 모르느냐! 따라서 부처를 믿는다면 부처상에 빠지는 것이다."라고 수행의 방법론을 누누이 설명하고 있다.

"함께 도를 닦는 여러 벗이여,
그대들이 참다운 견해를 얻고자 한다면 오직 한 가지!
세상의 속임수에 걸려들지 말아야 한다.
안으로나 밖으로나 만나는 것은 바로 죽여 버려라.
부처를 만나면 부처를 죽이고, 조사를 만나면 조사를 죽이고,
나한을 만나면 나한을 죽이고, 부모를 만나면 부모를 죽이고,
친척 권속을 만나면 친척 권속을 죽여야만이
비로소 해탈하여 어떠한 경계에서도 얽매이지 않고
인혹人惑과 물혹物惑을 꿰뚫어 자유인이 될 것이다."

조사祖師의 말씀은 살벌하고도 난폭하나 논리적이다. 무無의 자리를 돌파하기 위해서는 생각을 버리고〔捨〕, 한발 더 나아가 생각의 착着을 죽여서〔殺〕까지 주관과 객관이 모두 없는 텅 빈 공空으

로 마음의 본체를 얻어야 한다.

들으면 들을수록 정말 그럴 듯하다. 그러나 이론가들의 말은 언제나 귀를 현혹하지만 도를 깨치는 과정은 생략되고 그 결과만 무성할 뿐이다. 무無 자체를 버리고〔捨〕, 또 버리는 것까지 죽이고〔死〕 주관과 객관이 모두 없는 텅 빈 상태를 말로써만 설명하면서 왜 실체를 전하지는 못하는가?

조사어록祖師語錄에는 말이나 글로 전부를 전하는 것을 금한다〔語忌十成〕고 하지만 이것 역시 이론가들의 궤변인지 알 수가 없다. 아니라면 '불립문자不立文字 격외도리格外道理'로 포장되어 실제 알맹이는 모르면서 겉껍질만 이론으로 전개되어 내려오고 있진 않았을까?

청출어람靑出於藍이라, 후학들의 지혜가 더 빛나고 결과가 더 충실함은 어쩌면 당연한 일이다. 그럼에도 불구하고 아직 대열반을 이룬 수행자가 없다는 것은 종교라는 믿음의 덫에 걸린 것은 아닐런지.

김성갑

- 한국 선도회 회장
- 고신도 도주道主
- 저서:『마음공부와 선』
  『선이란 무엇인가?』
  『하늘의 소리』外

http://hksundo.com
http://cafe.daum.net/hksundo

한국선도회 010-5537-0260(종로구 인사동)
부산지원 070-8153-0260(서면 롯데백화점 뒷편)

기수련과 선 – 카르마

초판 1쇄 인쇄 2015년 4월 14일 | 초판 1쇄 발행 2013년 4월 21일
지은이 김성갑 | 펴낸이 김시열
펴낸곳 도서출판 운주사

　　　(136-034) 서울 성북구 동소문동4가 270번지 성심빌딩 3층
　　　전화 (02) 926-8361 | 팩스 0505-115-8361
ISBN 978-89-5746-422-9　03150　값 13,000원
http://cafe.daum.net/unjubooks 〈다음카페: 도서출판 운주사〉